Schamoni · Die Gaben des Heiligen Geistes

WILHELM SCHAMONI

Die Gaben des Heiligen Geistes

Fünfte Auflage

VERLAGSDRUCKEREI JOSEF KRAL
ABENSBERG

Umschlagbild: Ausgießung des Heiligen Geistes
nach einem burgundischen Stundenbuch des 14. Jahrhunderts
(Landesbibliothek Stuttgart)

Umschlaggestaltung: Charlotte Schulte

Imprimatur. Paderbornae, d. 27 m. Aprilis 1954
Vicarius generalis. Dr. Tuschen

Herstellung: Verlagsdruckerei Josef Kral Abensberg 1983

ISBN 3 - 87442 - 002 - 7

INHALT

„Ein Reis wird hervorgehen aus der Wurzel Jesse, und eine Blüte wird aufsteigen aus seinem Stamm. Der Geist des Herrn wird auf Ihm ruhen, der Geist der Weisheit und der Einsicht, der Geist des Rates und der Stärke, der Geist der Wissenschaft und der Gottseligkeit, und Er wird erfüllt sein von der Furcht des Herrn“ (Is 11,2 f.).

„Wenn ihr Mich liebt, so haltet Meine Gebote! Dann will Ich den Vater bitten, und Er wird euch einen anderen Beistand geben. Es ist der Geist der Wahrheit, der in Ewigkeit bei euch bleiben wird. Die Welt kann Ihn nicht empfangen, weil sie Ihn nicht sieht und nicht kennt. Ihr jedoch kennt Ihn; denn Er wird dauernd in euch sein“ (Jo 14, 15—17).

I.

GNADE UND GABE

Gott, der allmächtig und gnädig ist, dessen Wesen Güte, dessen Wille Macht, dessen Wirken Barmherzigkeit ist, will uns selig machen durch dasselbe, wodurch Er selbst selig ist. Kein Geschöpf kann, eben weil es Geschöpf ist, sich eigenmächtig eindrängen in die persönliche Lebens- und Liebessphäre Gottes und von sich aus, als aus dem Nichts gezogenes Wesen, teilnehmen an Seiner persönlichen Seligkeit. Aber dazu hat Gott uns, aus Gnade, als Brüder und Schwestern Seines menschgewordenen Sohnes berufen, dazu uns als Seine Adoptivkinder erhoben, wir sollen als Glieder Christi Partner Gottes an Seiner Seligkeit werden. Wir sollen teilnehmen an dem eigenen Leben Gottes selbst. Wir sollen unsere Erfüllung und Vollendung finden in Gott, nicht in etwas, was Er geschaffen hat, auch nicht in dem liebsten und besten Menschen, den wir besitzen oder uns wünschen. Wenn Geschöpfe uns schon so viel sein können, wenn sie uns schon so viel geben können und sie auch diese Bedeutung durchaus nicht in der Ewigkeit zu verlieren brauchen, wieviel mehr vermag nicht der Schöpfer selbst uns zu sein! Wieviel mehr kann Er uns geben, wenn Er Sich uns gibt! Welche Seligkeit, wenn Gott unsere Seligkeit ist!

Das Geschöpf hat von sich, von Natur aus nichts, was es zum Partner Gottes machen könnte. Dazu, daß ein Geschöpf Freund Gottes werden kann, fehlt wegen des unendlichen Abstandes zum Schöpfer jegliche Voraussetzung. Ist doch Grundlage jeder Freundschaft eine gewisse Gleichheit und Übereinstimmung, durch die der eine zum zweiten Ich des anderen werden kann. Wie soll ein Geschöpf sich selbst zum Freunde Gottes, zu Seinem Kind und Partner machen können? Kein Geschöpf kann sich in den Lebenskreis der heiligsten Dreifaltigkeit eindrängen, kann sich hineinwagen in ihre Intimität, kann Anspruch erheben auf das Glück, wodurch Gott Selbst unaussprechlich selig ist. Aber, welche Güte der Höchsten Güte, dazu will Gott uns erheben, aus Gnade!

Gnade ist alles, was uns fähig macht oder auf die Befähigung vorbereitet, an dem persönlichen Leben Gottes als Sein Kind, Freund und Partner teilzunehmen. Weil der Heilige Geist der Spender aller Gnaden ist, könnten wir Gabe des Heiligen Geistes jede Gnade nennen. Aber weil der Prophet Isaias (11, 2) geweissagt hatte vom Messias: „Der Geist des Herrn wird auf Ihm ruhen, der Geist der Weisheit und der Einsicht, der Geist des Rates und der Stärke, der Geist der Wissenschaft und der Gottseligkeit, und Er wird erfüllt sein von der Furcht des Herrn", versteht man unter Gaben des Heiligen Geistes nicht mehr allgemein jede Gnade, sondern dieses große siebenfache Gnadengeschenk, die Gabe der Weisheit und der Einsicht, des Rates und der Stärke, der Wissenschaft, Gottseligkeit und der Furcht des Herrn.

Die Frage ist nun, wodurch sich diese sieben Gaben des Heiligen Geistes von allen andern Gnadengeschenken Gottes unterscheiden.

Der religiöse Mensch, der mit all seinen Kräften zu Gott hinstrebt, erlebt es an sich selbst, daß es ihm nicht gelingt, zur wirklichen Herzensvereinigung mit Gott zu kommen. Gott entflieht ihm, und er spürt es (und wie leidet er darunter!), daß Er ihm entgehen muß, weil seine Seele nicht so ist, wie sie der Allheilige haben will. Der Mensch stellt fest: Er schafft es nicht, bei all den Gnaden, die Gott ihm gibt; trotz aller heiligen Kommunionen wird er nicht das, was er werden soll und auch so gerne werden möchte. Da bleibt ihm nur noch dieses übrig, sich ganz Gott auszuliefern und ihn zu bitten, daß Er Selbst das Werk der Heiligung in Seine Hände nehmen möge. Solange es eben ein Mensch ist, der sich mit Hilfe der Gnade bemüht, solange ist da tätig ein beschränktes, endliches, Irrtum und Fehlgriffen ausgesetztes, tausend Reizen geöffnetes, langsames, schwerfälliges Wesen, das der unendlichen Aufgabe gegenübersteht, vollkommen zu werden, wie der Vater im Himmel vollkommen ist. Aber wo wir nicht mehr weiter können, da fängt Gott an. Wo unsere Tätigkeit aufhört, fängt Gottes Tun an. Und eben jene Anlagen in der begnadeten Seele, durch welche der Mensch fähig wird, dieses Tun Gottes zu erfahren, daß er unmittelbar von Gott, von Seinem Heiligen Geiste, mit Leichtigkeit, Schnelligkeit und Sicherheit bewegt werden kann, sind die Gaben des Heiligen Geistes.

Weil der Mensch ein Sinnenwesen ist, ist ihm Leben nach seinen Sinnen natürlich. Erkennen durch die Sinne ist ihm gemäß, es liegt ihm, fällt ihm leicht. Ebenso ist es mit dem sinnlichen Strebevermögen: Die Sinnendinge sprechen ihn an, und er gibt sich ihnen gern und leicht hin. Darum weil der Mensch seiner Natur nach ein vernunftbegabtes *Sinnen*wesen, also kein reiner Geist ist, fällt ihm ein Leben gemäß seinem Geiste, nach seiner Vernunft und ihrem Gesetze schwer. Es ist viel interessanter, eine Illustrierte, einen Film sich anzusehen, als sich um die höchsten Offenbarungen Gottes über Sich Selbst zu bemühen, wie sie im Evangelium enthalten sind.

Wenn man bedenkt, wie harmonisch der Mensch in seiner Leiblichkeit ausbalanziert ist, wie alle Glieder und Organe im Dienste des Ganzen stehen, dann muß man die Schwäche und Niedergehaltenheit unseres Geistes unter dem Druck unserer Sinne als einen Bruch empfinden, der unsere ganze Menschennatur durchzieht. Wir wissen, daß dieses Übergewicht unserer Sinne eine Folge der Erbsünde ist. Alle Adamskinder stellen die menschliche Natur in jener Verfassung dar, in welche sie der erste Mensch hineingebracht hat. Jeder Mensch ist eine Wiedergabe, eine Reproduktion Adams, der sich zu immer neuen Individuen auswächst. Die eigenen Eltern sind nur werkzeugliche Ursache zur Vermittlung der gefallenen Natur *Adams*. Die Folgen der Erbsünde bleiben auch in dem Gerechtfertigten. Die gefallene, unter dem Gewicht der Sinne stehende Adamsnatur wird also nicht verändert. Wenn man diese Prägung unserer Natur durch Adam nicht bedenkt, schreibt man leicht Schwierigkeiten, die sich einstellen, persönlichen Sünden zu. Man sieht in ihnen Strafen für solche, und man macht es sich dadurch sehr schwer, Gott zu lieben, weil man einen strafenden Gott kaum lieben kann.

Auch wenn der Mensch durch die göttlichen Tugenden Glaube, Hoffnung und Liebe und durch die „eingegossenen" sittlichen Tugenden übernatürliche Befähigungen für ein Leben nach Gott und mit Gott erhalten hat, bleibt ihm doch seine erbsündliche, menschliche, sinnenhafte Natur, durch die er auf dem Gebiete der Sinne eine viel größere

Vollkommenheit, Beweglichkeit und Leichtigkeit behält, als sein Geist sie auf dem Gebiet der Übernatur erhält, und sein Leben in Gott bleibt unvollkommen. Denn nur unvollkommen erkennen und lieben wir Gott. Um dieser Unvollkommenheit aufzuhelfen, um den Menschen das Leben mit Gott und in Gott sozusagen natürlich zu machen, sind die Gaben des Heiligen Geistes gegeben. Durch sie soll dem Menschen Leben aus Gott zur zweiten Natur werden.

Als der Herr den Jüngern am See Tiberias erschien und den Petrus fragte: „Simon, Sohn des Johannes, liebst du Mich?", da antwortete Petrus beim dritten Male, bestürzt und beschämt: „Herr, Du weißt alles; Du weißt, daß ich Dich liebe." Dieselbe Antwort hätten auch alle anderen Apostel geben können: „Du weißt, daß ich Dich liebe." Es wäre ihnen ernst damit gewesen. Und doch, als es darauf ankam, da hatten sie Ihn im Stich gelassen. Die Apostel liebten den Herrn, wirklich echt, ernsthaft. Und doch, wieviel fehlte ihnen noch, daß sie hätten sagen können: „Nicht mehr ich lebe, sondern Christus lebt in mir!" Die Apostel liebten Gott, und jeder, der Gott liebt, sagt der heilige Johannes in seinem ersten Briefe (4, 7), ist aus Gott geboren, ist also ein Kind Gottes, hat die heiligmachende Gnade. Und doch, trotz der heiligmachenden Gnade, trotz erster heiliger Kommunion und Priester- und sogar Bischofsweihe ließen sie den Heiland am selben Abend noch im Stich und flohen.

Der Heilige Geist bewirkte dann durch Seine Gaben, daß sie, als Apostel Gesandte Jesu Christi, auch apostolisch Gesinnte und wahre Heilige wurden. Daß sie in Sprachen redeten, weissagten, Kranke heilten, Teufel austrieben, dazu waren die

Gaben des Heiligen Geistes nicht nötig. Die Apostel hatten auch vorher schon Kranke geheilt und Teufel ausgetrieben. Durch diese äußeren Gaben wurden sie selbst in ihrer Seele nicht heiliger. Das waren Wunder, die in den Anfangszeiten der Kirche nötig waren zur Beglaubigung ihrer Predigt. Heute sind Wunder dieser Art nicht mehr nötig. Heute ist, wie das Vatikanische Konzil sagt, „die Kirche schon an und für sich, nämlich wegen ihrer wunderbaren Ausbreitung, vorzüglichen Heiligkeit und unerschöpflichen Fruchtbarkeit an allem Guten, wegen ihrer katholischen Einheit und unüberwindlichen Fortdauer ein großartiger und beständiger Beweisgrund und ein unwiderlegliches Zeugnis für ihre göttliche Sendung“ (Denz. 1794). Aufgabe des Heiligen Geistes ist also nicht, äußere Wunder zu wirken, sondern die Seelen zu heiligen. Heiliges Leben, dieses Wunder in den Seelen zu wirken durch Seine Gaben und durch Seine milde Gnadenführung, dazu ist Er uns vom Vater gegeben.

Der Weg des Geschöpfes zu seinem Schöpfer ist ein unendlicher. Man geht zu Gott „mit den Schritten der Liebe“. Solange es aber der Mensch ist, der da, von der Gnade gehalten, geht, kommt er nicht weit, der Mensch, dessen Wunden vielleicht kaum vernarbt sind, die er sich in den Dornen geholt hat, aus denen ihn der gute Hirt erlöste. Er kommt viel leichter, sicherer und schneller zum Ziele, wenn er nicht auf seinen eigenen schwachen Füßen dem Heiland nachfolgt, sondern sich von dem guten Hirten auf die Schulter nehmen läßt, wenn also das Prinzip der Hinbewegung zu Gott nicht die eigene Aktivität ist, sondern das Getragenwerden von Gott Selbst. Jeder Vergleich hinkt: Der Mensch kann niemals aufhören, kraft der Gnade übernatürlich tätig zu sein; es ist gemeint, daß es außer dieser Selbstbewegung noch ein anderes, höheres Prinzip des Bewegtwerdens gibt: die unmittelbare Bewegung durch Gott in den Gaben des Heiligen Geistes.

Wir haben als unsere Lebensaufgabe das unausdenkbar große Ziel, dem unendlichen und allheiligen Gott immer ähnlicher zu werden, eine Aufgabe, die der von der Gnade gestützte und in ihr tätige Mensch nicht so erfüllen kann, wie es nach den Worten der Offenbarung sein soll; denn danach sollen wir vollkommen werden, „wie unser Vater im Himmel vollkommen ist“ (Mt 5, 48). Wir sollen zum Ebenbilde Jesu Christi umgestaltet werden, von Klarheit zu Klarheit (2 Kor 3, 18). Wir alle sollen „hingelangen zur vollen Mannesreife, zum Altersmaß der Fülle Christi“ (Eph 4, 13), so daß „nicht mehr ich lebe, sondern Christus in mir“ (Gal 2, 20). So wie der tote Stoff vom Lebewesen ergriffen, ihm eingepaßt, eingefügt, eingeordnet, eingeformt, „assimiliert“ wird, das Assimilierte dem Assimilator gänzlich gleich wird, wie aus Totem Lebendiges wird, so sollen wir von Christus ergriffen, Ihm völlig gleich, Ihm assimiliert werden, damit auch in uns „Gott alles in allem wird“, damit nichts mehr an uns ist, was nicht in Christus und durch Christus nicht für den Vater wäre.

Die Menschwerdung des Sohnes Gottes ist nämlich nicht damit abgeschlossen, daß die allerseligste Jungfrau Ihm die Bausteine ministrierte, aus denen Er Seinen irdischen Leib aufbaute. Vielmehr baut sich jetzt der Herr, nun aber nicht mehr aus Atomen und Molekülen, sondern aus ganzen, lebendigen Menschen Seinen Großleib auf. Er teilt diesen lebendigen Bausteinen Sein Gepräge, Seine Art zu denken und zu lieben mit. Er macht sie Sich selbst gemäß durch die Ihm eigene gottmenschliche

Gesinnung. So setzt der Erlöser in den Erlösten Sein Leben fort. Sie bilden Seinen geheimnisvollen Leib. Sie sind die Ausweitung, die Fülle, wie Paulus sagt, Dessen, der das All in allem erfüllt.

Der Sohn Gottes, der unser Schöpfer und Erhalter ist, vor dessen Ewigkeit wir nur Gegenwart sind, dessen Allgegenwart keine Schranke des Raumes kennt, dessen Allwissenheit alles von uns vor Augen hat, dessen Güte immer an uns denkt und auf unser Bestes bedacht ist, dessen Liebe sich für uns geopfert hat, Der hat uns durch Sein kostbares Blut als Sein Eigentum Sich erworben, und Er möchte uns immer voller durch Seinen Heiligen Geist in Besitz nehmen, uns durchwalten und Sich gleichgestalten.

Der irdische, von den Folgen der Ursünde beschwerte Mensch, kann nicht die unermeßlichen Möglichkeiten vollkommener Christushörigkeit so verwirklichen, wie es die Frohbotschaft will. Da kommt der Heilige Geist uns zu Hilfe. Dann ist nicht mehr bloß unsere begnadete Schwachheit tätig, sondern ein neues Tätigkeitsprinzip setzt ein, der Heilige Geist, unter dessen Einfluß dann die Seele unermeßlich viel schneller, sicherer, leichter und weiter vorankommt. Die heilige Theresia von Jesus macht das klar durch folgenden Vergleich: sie vergleicht den gottliebenden Menschen mit einem Ruderer, der sich mit allen Kräften abmüht, das ferne jenseitige Gestade zu erreichen. Er vermeidet vorsichtig die verborgenen Klippen in der Küstennähe, kämpft mit der Strömung, welche ihn in die Brandung zurückziehen will, er arbeitet mit Mühe und kommt doch nicht recht voran. Wie ganz anders würde er zum Ziele kommen, wenn er zu den Rudern das Segel lösen und im Winde entfalten würde! Wieviel leichter würde er das ersehnte andere Ufer erreichen! Dieses Ufer liegt so weit, daß wir es, etwa schwimmend, durch eigene Kraft und Anstrengung nie erreichen können, das geht über unsere Natur und ihre Möglichkeiten. Wenn wir es können, dann verdanken wir es dem Boot und den Rudern, nicht uns selbst, dann ist es Gnade Gottes. Wenn wir aber leicht und schnell, mit geschwellten Segeln dem Ziele zustreben, dann verdanken wir das dem Heiligen Geist und Seinen Gaben. Die Anlagen, um das Einwirken des Heiligen Geistes aufzunehmen, bekommt der Mensch bei der Wiedergeburt mit, allerdings nicht in entfaltetem, sondern in unentwickeltem Zustand. Das Losmachen dieser Anlagen ist die Loslösung von sich selbst und der Welt und was die Welt ist: Augenlust, Fleischeslust und Hoffart des Lebens; das Freiwerden von der Sünde macht sie frei.

Oder man denke an die Vergleiche der Kleinen heiligen Theresia: Wenn das Kind müde ist und nicht mehr weiter kann, dann nimmt es der Vater, der doch so gut und so stark ist, auf seinen Arm. Und auf dem Arm des Vaters kommt es leichter, sicherer, schneller und weiter voran, als auf den eigenen Füßen. Oder sie sagt: Bei unserm Gott ist es nicht wie bei kleinen Leuten, wo man die Treppen heraufstiefeln muß. In einem guten großen Hause gibt es einen Aufzug, und man läßt sich einfach herauftragen. Beidemale ist es Gott, der uns trägt oder emporhebt. Und Er tut es, wenn wir Kinder vor Ihm sind, d. h. mit Liebe, Vertrauen und Demut Ihm einfach und herzlich entgegenleben. Man könnte auch an Kohlestückchen denken, welche brennen und leuchten wie Zigaretten. Von Natur sind sie kalt und steinern. Wenn sie glühen, sind sie glühend gemacht worden (Gnade). Wenn dieselben Kohlestückchen aber eingespannt sind als Pole in einem elektrischen Lichtbogen, dann glimmen sie nicht mehr in sich wie Zigaretten, sondern sie senden, weil die Kraft des elektrischen Stromes in sie hineingeht, ein Licht aus, wie das Leuchtfeuer auf den Leuchttürmen, an dem die Menschen weithin sich orientieren können (Gabe).

So sehen wir denn, was die Gaben des Heiligen Geistes sind, dieses siebenfache Gnadenunterpfand. Sie sind keine Charismen, wie die „Gabe“ der Weissagung, der Krankenheilung, der Wunder, der Unterscheidung des Geistes, die alle zur Heiligung des Nächsten gegeben werden. Die Gaben des Heiligen Geistes sind uns zu unserer eigenen Heiligung geschenkt. Sie sind die bleibenden Ansatzpunkte Gottes für Sein Wirken in uns, die Organe, durch die Er immer tiefer uns in Sich hineinziehen will, äußerst feinfühlige Spürorgane, um das leiseste Wehen des Gottesgeistes aufzufangen, sich nach dem göttlichen Hauche mit Sicherheit und Geschwindigkeit in die von Gott gewollte Richtung treiben zu lassen. Sie sind nicht Tätigkeiten, nicht sich vollziehende Bewegungen in der Seele, sondern bleibende Zuständlichkeiten, eine dauernde Disposition, um die Einwirkungen von Oben aufzunehmen, gleich wie Segel notwendig sind auf der Barke, damit sie dem Wehen des Windes folge. Sie sind, wie der heilige Thomas sagt, gewisse habituelle, d. h. bleibende, wesentlich übernatürliche Beschaffenheiten, durch die der Mensch vervollkommnet wird zu schnellem Gehorchen gegen den Heiligen Geist (s. Anhang I, S. 97).

Nach dieser Auffassung des heiligen Thomas sind die Gaben des Heiligen Geistes keine Steigerungen der Gnade oder besondere Fälle von Gnade, sondern Gabe und Gnade sind Verschiedenes. Bei der Gnade ist es der menschliche Geist, welcher in

Kraft der göttlichen Tugenden — Tugend ist gleich Tauglichkeit, ist das was uns tauglich, tüchtig macht — glaubt, hofft, liebt, ist es der menschliche Geist, seine Vernunft, welche mit Gottes Hilfe die sittlichen Tugenden lenkt, ist es also der Mensch, der da in menschlicher, nur in menschlicher, und eben darum in unzulänglicher Weise tätig ist. In den Gaben dagegen ist Gott tätig. Er, der als Schöpfer und Erhalter die einzige und unmittelbare Quelle unsers Seins ist, kann ebenso auch die unmittelbare Quelle und Ursache unserer Fähigkeiten, unseres Erkennens und Liebens sein. *Sein* Geist berührt und führt unmittelbar die Seele, jenseits menschlicher Erwägungen und Überlegungen, aber deshalb nicht mechanisch, durch äußeren Zug, sondern Er wirkt so, wie es der mit Freiheit begabten Natur des Menschen entspricht. Denn in Ihm, nicht fern von Ihm, sind wir, leben wir, und wir bewegen uns frei, indem Er in uns das freie Wollen wirkt und das Vollbringen nach Seinem Wohlgefallen (Phil 2, 13). Die Gott völlig unterworfene Seele erfährt somit frei das Wirken des Heiligen Geistes. Er tut ihr keine Gewalt an. Sie wünscht ja nichts anderes, als daß Gottes Wille an ihr und mit ihr geschehe. Sie gleicht einem wohlgestimmten Musikinstrument, auf welchem der göttliche Künstler spielt und spielen wird, so lange es nicht durch einen freiwilligen Fehler verstimmt ist.

Was Gott wirkt, das ist vollkommen. Es überschreitet die menschliche Weise. Die Gaben sind deshalb, wie Gonet sagt, „dispositiones ad optimum“: der Mensch wird durch sie zum Höchsten befähigt, zum Heroischen, zur Heiligkeit. Jeder Gerechtfertigte hat die Gaben des Heiligen Geistes, ist durch sie fähig, vom Geiste Gottes selbst unmittelbar bewegt zu werden, ohne vorausgehende menschliche Überlegungen. Dieses unmittelbare Bewegtwerden von Gott ist sogar heilsnotwendig, um der beschränkten Weise, wo nur ein Mensch in Kraft der göttlichen Tugenden sich bewegt, aufzuhelfen. Darum finden sich die Gaben in jeder Seele, welche im Stande der heiligmachenden Gnade ist. Sie sind mit der göttlichen Tugend der Liebe verbunden. Wird diese Liebe ausgelöscht, hören auch die Gaben auf. Die Gaben wirken mit und in der Liebe.

Der Heilige Geist ist ja die Liebe, und durch die von Ihm geschaffene Liebe wohnt und wirkt Er im Menschen. Der Heilige Geist Selbst ist nicht unsere Liebe, wie Petrus Lombardus und einige andere Mittelalterliche glaubten. Wenn sie also auch etwas Geschaffenes ist, so hängt sie doch mit der Wirksamkeit des Heiligen Geistes zusammen wie die Wirkung mit ihrer Ursache, wie der Lichtstrahl mit der Lichtquelle. Der Heilige Geist und die Liebe bilden, wie Gardeil sagt, sozusagen ein unlösbar verbundenes Paar. Unserer Liebe gegenüber ist Gott keine Ursache, welche völlig außerhalb ihrer Wirkung bleibt. Denn der Heilige Geist wohnt wirklich in uns, ist uns in der Liebe gegeben als inneres und bleibendes Prinzip übernatürlichen und göttlichen Lebens. So wie dort, wo Sein ist — Sein, das doch die eigentlichste Wirkung Gottes ist — Gott ist, der in allen Dingen gegenwärtig ist als ihre unmittelbare Voraussetzung, so befindet sich dort, wo Liebe ist, notwendig der Heilige Geist. Die Sendung des Heiligen Geistes ist die Weiterführung der Liebe des Vaters und des Sohnes auf die Vernunftgeschöpfe. Er verursacht deren Liebe und erhält sie im Sein. Um Gott zu finden, brauchen wir nach dem heiligen Thomas nur in uns hinabzusteigen. An der Wurzel, an der Quelle unserer Liebe stoßen wir auf Ihn[1].

Durch die Gaben bringt der Heilige Geist die Liebe zur Vollendung. Wie die sittlichen Tugenden den Menschen als Vernunftwesen vollendet machen, so machen die Gaben den für das ewige Leben und ein ewiges Lieben bestimmten Menschen vollkommen. Während die Vernunft durch vorausgegangene Überlegungen und Erwägungen die Tugenden lenkt, regiert die in unsere Herzen eingegossene Liebe unmittelbar den ganz Gott hingegebenen Menschen, ohne die kurzsichtigen Überlegungen der oft so langsamen und oft sich auch überstürzenden Vernunft. Die Gaben stehen im Dienste der Liebe. Die Liebe ist das Höchste, denn sie verbindet uns mit Gott. Der Glaube, welcher die Wurzel der Liebe ist und der einmal in Schauen übergehen wird, die Hoffnung, die dereinst sich beseligend erfüllt, die Liebe, welche ewig mit Gott vereint, sind, weil sie mit Gott verbinden, die höchsten Geschenke Gottes an die Menschen. Die Gaben dienen dazu, diese Verbindung mit Gott vollkommen zu machen. Sie führen uns wirksamer und vollkommener zur höchsten Liebesvereinigung mit Gott als alle Gnaden in der Ordnung der sittlichen Tugenden. Sie sind darum die erhabensten Gnaden, welche es nach Glaube, Hoffnung und Liebe gibt. Als Organe der Seele, um das unmittelbare Wirken Gottes aufzunehmen, bleiben sie auch im andern Leben, und dort erst, wo keine unverklärte Leiblichkeit und keinerlei menschliche Unvollkommenheit das Einströmen göttlichen Wirkens mehr behindern, wenn Gott alles unterworfen ist und Er alles in allem

---

[1] Vgl. Gardeil, Dict. de Théol. Cath. von Vacant-Mangenot, Art. Dons du St. Esprit, Sp. 1732 u. 1734.

2*

geworden ist, erfüllt sich die erhabene Aufgabe der Sieben Gaben ganz, indem sie die unmittelbare Anschauung Gottes vollenden und Seinen beseligenden Besitz.

In einem schwachen religiösen Leben sind die Gaben vorhanden, aber verborgen; sie sind auch wirksam, aber ihre Wirksamkeit ist gehemmt, wie gebunden, nicht häufig und vorherrschend. Denn wie soll der Mensch geneigt, wohldisponiert sein, die Anregungen des Heiligen Geistes aufzunehmen, wenn er gewohnheitsmäßig den Anregungen der helfenden Gnade nicht so entspricht, wie es ihm möglich wäre? Die Gaben sollen doch das Leben in der heiligmachenden Gnade krönen und vollenden. Wie aber kann gekrönt und vollendet werden, wenn der Mensch sich nicht bemüht, den Bau seines geistlichen Lebens über die Fundamente herauszubringen?

Sobald aber der Mensch bestrebt ist, nach Kräften mit der helfenden Gnade mitzuarbeiten und ein möglichst vollkommenes Leben zu führen, stellt er fest, daß er es nicht fertig bringt. Ein solches Leben geht über seine Kräfte. Es bleibt ihm nur noch diese Möglichkeit, die ganze Sache der „höheren Stelle" anheimzugeben, alles in Gottes Hände zu legen, sich Ihm auszuliefern, vorbehaltlos, daß Er versuche und fertigbringe, was man selbst nicht fertigbringt. Gott kann dann tun, was Ihm beliebt; der Mensch ist auf jeden Fall bereit, dem leisesten Winke Gottes zu folgen. Jetzt ist er wahrhaft disponiert, von Gott gelenkt und geführt zu werden. Und Gott nimmt nun die demütig gewordene Seele, die erkannt hat, daß sie nichts ist und nichts kann, auf Seinen Arm und trägt sie über alle Schwierigkeiten hinweg. Jetzt wird das höhere Prinzip, das Bewegtwerden von Gott und das Geführtwerden von Ihm, deutlich; Sein Einwirken auf den Menschen wird häufiger, schließlich vorherrschend. In einem solchen Leben der Vollkommenheit tritt die unzulängliche, fehlerhafte menschliche Weise zurück vor der höheren, göttlichen. Gott wirkt dann nicht so sehr als Mitarbeiter des tätigen Menschen, sondern Gott ist Selbst der Tätige, und der Mensch erleidet Sein überreiches Wirken, jener Mensch, der grundsätzlich Gott volle Freiheit gibt, in seiner Seele zu schalten nach Belieben, und dessen Tätigkeit zunehmend darin bestehen wird, das, was Gottes Wirken dann tatsächlich immer noch behindert, beharrlich durch großherzige Tugendübung aus dem Wege zu räumen.

Gott als die Ursache aller Ursachen kann auf doppelte Weise wirksam sein: Einmal durch die Zweitursachen, denen Er einen Teil Seiner Macht abgegeben hat, dann aber auch direkt durch persönliches Eingreifen in die Tätigkeit der Zweitursachen. Der Heilige Geist wohnt in der Seele des Gerechten und ist unaufhörlich tätig. „Bald läßt Er der Liebe und den eingegossenen sittlichen Tugenden ihren Lauf und beschränkt Sich darauf, sie zu überwachen, bald greift Er durch Seine Gaben ein, um sie in ihrer Tätigkeit zu verstärken oder zu verbessern, bald läßt Er eine Gabe tätig werden ohne die Tugend durch eine Eingebung, die ganz von Ihm kommt, bald lenkt Er eine Tugend durch eine Gabe und lenkt diese Gabe selbst wieder durch eine höhere: Mannigfaltigkeit der Mittel in dem Reichtum Seiner Wohltaten, das ist die Herrschaft des Heiligen Geistes in der Seele" (Gardeil, a. a. O., Sp. 1742).

Wenn man auf solche Weise eine kleine Ahnung bekommt von dem, was die Gaben des Heiligen Geistes sind, dann fühlt man das Wort des Heilandes auch an die eigene Seele gerichtet: „Wenn du doch die Gabe Gottes erkänntest und Den, der zu dir spricht: Gib Mir zu trinken! Du würdest Ihn bitten, Er möchte dir lebendiges Wasser geben“ (Jo 4, 10). Und man spürt eine Aufforderung heraus aus jenem anderen Worte: „Wenn jemand dürstet, so komme er zu Mir! Wer an Mich glaubt, Ströme lebendigen Wassers werden aus seinem Herzen fließen“ (Jo 7, 37). Und man sagt sich: „Wenn wir, die wir böse sind, schon unsern Kindern gute Gaben zu geben wissen, wieviel mehr wird dann der Vater im Himmel Seinen guten Geist denen geben, die Ihn darum bitten“ (Lk 11, 13).

Nach den Worten der Offenbarung ist der Heilige Geist der Schöpfer Geist, der machtvoll wirkt, der von Gott ungemessen gegeben wird, und die heilige Siebenzahl Seiner Gaben bedeutet an sich im Sinne der Heiligen Schrift weniger sieben bestimmte, verschiedene Gnadengeschenke, als die Fülle der Gaben überhaupt. Freilich wird man, um diese Fülle recht zu erkennen, am besten der in der Kirche von den Vätern überlieferten Weise folgen und, wie es seit Ambrosius in der abendländischen Kirche vielfach üblich ist, von der niedrigsten Gabe zur höheren bis zur höchsten aufsteigen und versuchen, das Gnadenwerk der Gaben als ein wundervoll gefügtes zu verstehen.

II
GOTTESFURCHT

Diese Darlegungen sollen dazu dienen, daß die Gabe Gottes erkannt wird und die Seele unter die Herrschaft des Heiligen Geistes kommt, damit Er durch Seine Gaben jederzeit ungehindert und erfolgreich nach Seinem Wohlgefallen in ihr schalten und walten kann. Insbesondere wollen wir versuchen, das leise, kaum wahrnehmbare Beginnen des Heiligen Geistes richtig zu erkennen, damit wir Ihm keinen Widerstand entgegensetzen, sondern in immer größerer Hingegebenheit Ihm großherzig, demütig, treu und beharrlich folgen. Er führt uns dann von Stufe zu Stufe, von Gabe zu Gabe, von der niederen zur höheren und höchsten. Obwohl wir von einer einzigen siebenfachen Gabe sprechen können, weil es keine gibt, wenn wir das Siebengeschenk wie ein Spektrum uns zerlegt denken, welche für sich allein sich auswirkte und nicht zugleich alle anderen einschlösse, so ist doch das Vorherrschen der einen Gabe vor der anderen so deutlich für die einzelnen Wegstrecken unseres Weges zu Gott, daß wir gut daran tun, diesen Weg von Gabe zu Gabe betend und betrachtend zu durchschreiten.

Die höchste der Gaben ist die Weisheit, der Anfang der Weisheit aber ist die Furcht des Herrn. Um was für eine Furcht es sich handelt bei der Furcht Gottes, kann man am besten am Beispiel des Heilandes sehen. Denn Isaias sagt voraus, was

Er selbst in der Synagoge zu Nazareth als erfüllt erklärt: „Er wird erfüllt sein von der Furcht des Herrn.“ Seine Furcht kann nichts Niedriges gewesen sein, nichts von Angst vor Gott, die aus der Sünde stammt. Denn Christus konnte für sich in Seiner Unsündlichkeit eine Abwendung von Gott nicht befürchten, es ist dies eine selbstverständliche Folgerung aus der unauflösbaren Verbindung Seiner beiden Naturen. Aber in Seiner menschlichen Natur mußte Er tiefer als jedes andere Geschöpf erschauern vor der unendlichen Größe und Heiligkeit Gottes. Christus ist als Mensch der Chorführer der heiligen Engel geworden und der seligen Menschen, die in liebender Ehrfurcht erbebend ihr „Heilig, Heilig, Heilig“ dem Allheiligen singen. Das Wesen der Furcht Gottes ist diese Ehrfurcht in Liebe, welche in alle Ewigkeit bleibt: Ehrfurcht vor der Majestät und der Heiligkeit Gottes, und Haß gegen die Sünde, weil Gott der Sündenhasser ist.

Für uns irdische Menschen freilich ist die Furcht Gottes gepaart mit dem Wissen darum, daß wir von unserer Schwachheit alles befürchten müssen, aber auch von der Hoffnung getragen, daß wir von der Güte Gottes alles erwarten dürfen. Diese Gabe durchdringt uns mit der Erkenntnis, daß der Mensch aus sich nichts ist und kann, daß, wer zu stehen glaubt, zusehe, daß er nicht falle, daß das Heil nicht des Laufenden ist, sondern des Sich erbarmenden Gottes, daß nur, wer ausharrt bis ans Ende, gekrönt wird. Wenn der Heilige Geist uns einführt in die großen Wahrheiten über die Gnade, dann tut Er es nicht, um uns zu ängstigen und zu quälen. Angst vor der Hölle mag bei einer Bekehrung mithelfen, dort ist sie heilsam. Sie genügt aber niemals, um uns zu Gott zu bringen. Die Furcht

Gottes soll unsern Stolz, dieses zwar nicht ausgesprochene, aber im Herzen verbreitete Selbstvertrauen, als ob wir Gott nicht nötig hätten, diese unsere praktische, nicht theoretische Selbstzuversicht, als ob wir Seine Aufforderungen zum Beten überhören könnten, vernichten. Diese Gabe drückt uns nur nieder, um uns zu erheben zu dem größten Vertrauen auf Gott, der unser Heil will, uns unaussprechlich liebt und nur eines sucht, bereite Herzen, und sie Sich bereitet, um sie mit Seiner Gnade heimzusuchen. Darum reißt der Heilige Geist im Menschen den Abgrund seines Nichts auf und läßt den Schauernden hineinschauen und ihn seine Ohnmacht erleben, aber nur damit der unendlich größere Abgrund der Erbarmungen Gottes ihn ausfüllen soll. So ist die Furcht Gottes etwas Heiliges, Erhebendes, Belebendes. Sie ist keine Angst vor Gott, keine quälende Erinnerung an begangene Sünden, sondern sie befreit den Menschen von sich, von dem, was einmal gewesen ist und nur zu leicht wieder werden kann. Sie treibt den Menschen Gott in die Arme. Sie befreit den Gefesselten und führt ihn aus dem Gefängnis seiner Enge, seines Kleinglaubens, seiner Verzagtheit und Trägheit, seiner Schwachheit und Armseligkeit in die Freiheit der Kinder Gottes.

Die Furcht Gottes ist eine erleuchtende Furcht. Wie die Strahlen der aufgehenden Sonne die nächtlichen Nebel zerreißen, so durchbricht der Geist der Gottesfurcht die bequemen Vorstellungen, die unsere Selbstliebe sich von Gott machte, mit denen wir uns einnebelten, z. B. als ob wir Gott endlos immer weiter auf uns warten lassen könnten. Er sei ja so gut, es würde schon alles gut gehen, als ob wir mit unserer Zeit machen könnten, was wir wollen, als ob wir keine Rechenschaft zu geben hätten von jeder Stunde, die zwar dahingeht und verrinnt, aber angerechnet wird, als ob wir keine Gaben von Gott erhalten hätten, die Aufgaben bedeuten und über die wir zur Verantwortung gezogen werden, wo wir schon über jedes unnütze Wort gerichtet werden.

Die Gottesfurcht vertreibt die Menschenfurcht, den Versuch, den wir immer wieder unternehmen, zwei Herren zu dienen, Gott und der Welt, und wobei wir unsere Seele verlieren. Wenn der Geist der Gottesfurcht wirkt, dann spürt es die Seele, wie hinfällig, hilflos sie ist, ihr letztes Ziel zu erreichen. Wenn der Gedanke an Gott uns nicht mehr losläßt, in allem an- und durchklingt, wenn die Sorge, ob wir vor Seiner Heiligkeit auch bestehen können, uns nicht zur Ruhe kommen läßt, wenn wir immer klarer sehen, daß unser ewiges Heil nur durch eine immer größere Hingabe an Gott gesichert ist, wenn das Gefühl für die Verantwortung, die wir für die Seelen der Anvertrauten haben, immer lebhafter und drängender wird, wenn die Freuden an den geschaffenen Dingen das peinliche Gefühl ihrer Leere zurücklassen und es ein auskostendes, willentliches Ruhen in irgendeinem Genuß nicht mehr gibt, weil ständig das Bewußtsein uns stört, daß Gott etwas anderes von uns erwartet, wenn der leise Zug unseres Herzens zu Gott uns hinzieht, dann zeigt die Unruhe unserer Seele, daß der Heilige Geist am Werke ist. Von ihm kommt es, wenn wir diese erfahrungsmäßige, nicht aus dem Katechismus gelernte Kenntnis unserer Schwachheit bekommen und dadurch demütig gemacht werden, wenn Gott immer größer und die Dinge immer unbedeutender werden. Dann können wir nichts Besseres tun, als hinzuhorchen auf den inneren Meister und von Ihm uns führen zu lassen, voll

Ehrfurcht, aber ohne Angst, ganz demütig, aber freudig in der Hoffnung, großherzig, niemals klein von Gott denkend, alles von Ihm erwartend, das Höchste, was es gibt, das Heil unserer Seele, und eifernd für das Schönste, was es gibt, die Rettung der Seelen.

III.
GOTTSELIGKEIT

Hat Gottesfurcht das Herz des Menschen durchdrungen, ihn erfüllt mit der Ehrfurcht vor der Majestät des Allheiligen und mit tiefem Abscheu vor der Sünde, dann treibt die Erkenntnis der eigenen Schwachheit die Seele ins Gebet. Jetzt verfolgt sie geradezu der Gedanke an Gott. Mit Leichtigkeit und Freudigkeit betet sie. Sie fühlt sich zum Beten angetrieben, ganz anders als früher, wo es Opfer kostete zu beten. Sie befindet sich sozusagen in dem Zustand eines beständigen liebevollen Hingegebenseins an Gott, eines andachtsvollen Sich-Ihm-Nahewissens, fühlt sich in Friede und Freude hingezogen zu Gott. Aber so sehr sich die Seele auch dadurch beglückt fühlt, und zu Zeiten empfindet sie es sogar außerordentlich stark, so ist es ihr doch nicht ganz geheuer dabei. Denn die Seele merkt deutlich, daß Gott etwas von ihr will. Er ist ein so großer Gott, daß Er es nicht dulden kann, mit Seinen Geschöpfen um das Geliebtwerden konkurrieren zu sollen. Die Seele erkennt es deutlich, daß Gott sie befreien will von ihren Bindungen an die Geschöpfe, davon, daß sie an geschaffenen Dingen ihr Genügen findet, mit ihrem Willen sich ihnen hingibt, um in ihnen zu ruhen.

Der Mensch möchte gern da einen Kompromiß schließen: Viel beten, ein reich bemessenes Pensum

Gebete sich auflegen, aber dafür eine Ecke, nur einen kleinen Winkel sich in der Seele reservieren, wo man seinen Neigungen zu den an und für sich ganz erlaubten kleinen Freuden an den Geschöpfen nachgehen und sich ihnen hingeben kann. Aber Gott will nicht die Gebete: Er will diesen Ersatz nicht. Und da kommt dann die wechselvolle Zeit, wo der Schöpfer und die Geschöpfe um die Seele kämpfen; wo es manchmal der Seele scheint, als ob die ganze Hölle gegen sie aufgeboten sei, wo fleischliche Versuchungen mit einer ungeahnten Heftigkeit sich erheben, so daß die Seele sich an den Rand des Abgrundes gebracht fühlt, wo ihr suggeriert wird, sie komme für Gott wegen ihrer früheren Sünden nicht mehr in Frage; wo sie nicht versteht, wie sie ohne dieses oder jenes auskommen könne, und eine freudlose Zukunft sie angähnt wie ein schwarzer Abgrund. Dann wieder fühlt sie sich so zu Gott hingezogen, daß sie nicht daran zweifeln kann, daß Er sie doch für Sich und daß Er sie ganz haben will. Die peinliche Sorge, sie könne Gott verlieren, läßt sie nicht los, und der Gedanke an die Seelen, die verloren gehen, verfolgt sie. Soll sie Gott suchen und die Seelen, oder sich selbst? Solche Gedanken können jahrelang wechselnd schwach und heftig die Seele bewegen. Aber eine Entscheidung muß kommen. Und sie kommt. Hier ist nämlich der Heilige Geist am Werke. Denn der Mensch kann sich das gar nicht selbst geben, dieses ständige Um-Gott-Kreisen mit seinen Gedanken, diese beständige Sorge um das ewige Heil, die Erkenntnis seiner Gefährdung durch die eigene Schwachheit, die Sorge um fremde Seelen, dazu dieses sanfte, leise zu Gott Sich-Hingezogenfühlen, den Frieden, die Freude, welche man empfindet, wenn man dem Zuge der Gnade folgt, diese tiefe Unzufriedenheit mit sich selbst, wenn man es nicht tut, die Feinfühligkeit für jede leise Abweichung von dem, was man als das von Gott Gewünschte erkennt, so daß man keinen wirklichen ungestörten Genuß an geschaffenen Dingen empfinden kann wie früher einmal — sie lassen alle einen Stachel in der Seele zurück, all das ist ein Zeichen, daß der Heilige Geist am Werke ist.

Man muß einmal ruhig und objektiv diesen Sachverhalt für sich klären: Da ist ein Mann, er hat auf die Freuden des Familienlebens verzichtet, er bringt es fertig, wenn er fünf Pfennig nötig hat, seinen ihm vielleicht unsympathischen Obern gehorsamst um sie zu bitten; bei jedem Schritt, den er tun will, fragt er vorher, ob er darf, und er läßt sich oft dahin schicken, wohin er nicht mag. Ein solcher Mann, der alles wesentlich Persönliche geopfert hat, erklärt, verrückt zu werden, wenn er beispielsweise das Rauchen aufgeben würde. Das macht es klar, daß es sich bei dem letzten Opfer, das der gottliebende und seelenrettende Mensch bringen soll, gar nicht um diese bestimmte Sache handelt, etwa um das Rauchen, sondern um das Ganze. Nach dem Bruch mit der schweren Sünde gibt es keine wichtigere religiöse Entscheidung im ganzen Leben. Es entscheidet sich an dieser Stelle, beim letzten Opfer, ob der Mensch weiter vorankommt und dann wahrscheinlich sehr weit, weil es ja von seiner Willensseite kein Hindernis mehr gibt für das Wirken Gottes, oder ob er stehen bleibt, religiös stecken bleibt, eine zurückgebliebene Seele wird mit der Tendenz zur Lauheit mit all ihren Gefahren. Vielleicht kann er sich noch krampfhaft behaupten, er geht nicht weiter, auch nicht zurück; dann hat sein religiöses Leben etwas Schiefes, Verzerrtes; der Mensch wird sich selbst zur Qual und oft auch seinen Mitmenschen durch die Kompensationen, durch die er Gott Ersatz schafft für das versagte Opfer: Ängstlichkeit, Skrupelhaftigkeit, Engherzigkeit — das Gelöste, Erlöste, Erhebende, Große fehlt in seiner Haltung.

Woher kommt dieses Überdimensionierte in den Verzicht aufs Letzte, daß der Mensch ohne dieses Opfer nicht glaubt, existieren zu können, keine Sekunde mehr froh sein zu können, so freudenlos und traurig schaut ihm die Zukunft aus? Der letzte Verzicht mag ein besonders schwerer sein, gut. Aber daß die Seele ihn als *so* schwer erlebt und daß tatsächlich so wenig Menschen, auch nur selten bei den ex professo Gott Geweihten ihn bringen, woher das? Das bedürfte doch wahrhaftig einer Klärung!

Ist die Seele demütig, großherzig, treu in ihren Vorsätzen, nicht selbstsüchtig, genußsüchtig, herrschsüchtig, dann wird einmal die Stunde kommen, wenn sie gar nicht daran denkt, vielleicht die Stunde einer ganz schweren Versuchung, wo die Wellen über ihr zusammenschlagen und der Herr zu schlafen scheint, wo sie nicht mehr ein noch aus weiß und sich verloren glaubt, da gibt sie sich ganz auf und schenkt sich ganz dem Herrn und will gar nichts mehr für sich. Und im selben Augenblick wird eine große Stille. Eine Ruhe, eine beglückende Freude erfüllen die Seele, daß sie sich nicht halten kann. Sie weiß und spürt es, sie hat jetzt endlich Gott, und Gott hat sie. Der Gedanke, daß sie auch nur irgend etwas noch für sich haben wollte, erscheint ihr so grotesk, daß sie es überhaupt nicht begreifen kann, daß sie die an sich erlaubte Hingabe an das Geschaffene auch nur einen Augenblick dem Besitze Gottes vorziehen konnte. Wie konnte sie nur Angst haben vor Gott, ihrem Vater? Wie sich fürchten, Ihm den kleinen Finger zu geben, damit Er die ganze Hand nicht nähme? Jetzt: wenn Er nur auch den Arm, den ganzen Leib und die Seele noch hinzu nähme! Jetzt betet sie in überströmender Freude die Gebete, die sie früher nur mit geheimem Bangen und Sorgen und nicht in ganzer Wahrheit gebetet hatte: „Nimm hin, o Herr, meinen ganzen Willen, meine ganze Freiheit, alles, was ich bin und habe." „Gib mir Seelen, das andere nimm!" „Mein Herr und mein Gott, gib alles mir, was mich fördert zu Dir! Mein Herr und mein Gott, nimm mich mir und gib mich Dir!"

Jetzt wird es noch interessanter mit dem Manne, der alle wesentlichen Opfer gebracht hatte und das letzte glaubte nicht bringen zu können, weil das Leben ihm sonst unerträglich zu werden schien. Nun hat er es doch gebracht, und das Leben, wie wundervoll ist es ihm geworden! Alles, was die Phantasie ihm vorgemacht hatte, stimmt ja gar nicht! Wo ist da eine psychologische Erklärung? Dafür, daß ein seit Jahren klar wissender und nach Glückseligkeit strebender Mann das nicht tat, was ihn glücklich macht, sondern seiner aufgepeitschten Phantasie folgte und nicht seinem Verstand und Herzen und seinem Glückseligkeitstrieb?

Thomas von Aquin, welcher glaubt, daß der Teufel dem Menschen Versuchungen bereitet an den entscheidenden Stellen seines Lebensweges (bei Erlangung des Vernunftgebrauches, in der Reifezeit, bei der Berufs-, Standes- und Gattenwahl, in der Sterbestunde) würde sagen: Phantasie und Vorstellungen sind Ausgangspunkt unserer Verstandes- und Willensakte. In das Innere der Seele kann der Teufel nicht eindringen, da ist der Platz Gottes. Aber er kann in ihren Vorhöfen, im Phantasie- und Vorstellungsleben, sein Unwesen treiben. Und durch seine Herrschaft hier kontrolliert er die Entscheidungen dort. Das Überdimensionale, dieses Mißverhältnis zwischen dem objektiven Opfer und der subjektiven Aufregung (diabolus kommt von diaballein, auf- und durcheinanderwerfen, durcheinanderwühlen), welche es verursacht, und das Verlogene, Unwahre der Vorstellung, man würde es nicht aushalten können, dürften beweisen, daß der Teufel bei dieser Entscheidungsschlacht seine Hand im Spiele hat.

Ohne Zweifel meint die heilige Theresia dieses, wenn sie schreibt (Leben, XI. Hauptst.): „Es gibt gar so viele Dinge, welche der böse Feind den Anfängern entgegenstellt, um sie abzuhalten, diesen Weg (der Ganzhingabe) wirklich zu beginnen; denn der weiß, welchen Schaden er dadurch leidet, da er nicht bloß die Seele eines einzelnen, sondern mit dieser auch die Seelen vieler anderer verliert. Wenn nämlich so ein Anfänger sich bemüht, mit Gottes Hilfe zum Gipfel der Vollkommenheit zu gelangen, so geht er meines Erachtens niemals allein in den Himmel ein, sondern er zieht immer auch viele andere nach sich. Denn als einem tapferen Feldherrn teilt Gott ihm Seelen zu, die sich ihm anschließen. Deswegen bereitet der böse Feind den Anfängern so viele Gefahren und Schwierigkeiten."

Hat aber die Seele diese Gefahren und Schwierigkeiten überwunden, dann erlebt sie es, wie Gott denen, die zu Ihm kommen, ein Freudenfest bereitet. In ihrer Herzensfreude bittet sie den Herrn für jene Seele, der sie sich so sehr verbunden fühlt, die sie auf dem Wege des Verderbens weiß, im Gedanken an die sie den letzten Entschluß vielleicht gefaßt hat. Sie bittet im Namen Jesu um sie, und sie weiß sich erhört.

Das Wesen der Seele blüht nun auf wie ein Garten im Frühling. „Bisher hatte der ständige Kampf mit sich selbst ihr Bewußtsein überfüllt, die Kräfte des Geistes und des Herzens zum armen und notwendigen Dienst des bloßen Durchhaltens verbraucht und aufgesogen. Jetzt ist die Belastung gewichen, und die gebundenen Gaben, wie Rosenbäumchen im Winter gewaltsam und unnatürlich zur Erde gedreht und gedrückt, schnellen empor, treiben und sprossen[1]."

Gott ist nun nicht mehr der gestrenge Herr, vor dem sie früher bei ihren Sünden Angst hatte und vor dessen drängender Gnade, sie von den Geschöpfen zu lösen, sie manchmal fast erbittert in ihrem wunden Herzen glaubte, Er wolle ihr nichts gönnen. Der ist nun ihr Vater, sie das Kind, das sich in Seinen liebevollen Armen geborgen weiß. Die Seele verspürt einen Hauch von dem Frieden Gottes, der alle Begriffe übersteigt. Sie hat in Gott ihre Ruhe gefunden. Nichts kann sie innerlich wirklich stören. Alles kommt ihr ja von Gott, alles spricht ihr von Gott, alles führt sie hin zu Gott. Einen Zufall gibt es nicht mehr in ihrem Leben, seit Seine Hand ihr Leben ordnen kann. Der Herr ist ganz Vater geworden. „Alles, was in Seiner Macht steht — und was steht nicht in Gottes Macht, wird aufgeboten, um Sein Kind, die Seele, in guter Stimmung zu erhalten. Das ganze Weltall scheint sich nur um sie zu drehen. Ihr Rufen dringt sofort an Gottes Ohr. Immer ist Er mit ihr beschäftigt. Immer hat Er Zeit für sie. Der große Schwächezustand ihres geistlichen Lebens und die außerordentliche Zerbrechlichkeit ihrer jungen Tugend erfordern dies.

---

[1] Ida Friederike Görres, Das verborgene Antlitz, Freiburg i. Br. 1946, S. 139.

Aber das weiß die Seele nicht, sie empfindet nur die Lieblichkeit der hegenden und pflegenden Mutterhand Gottes, der Sich ihr mit einer Aufmerksamkeit widmet, als hinge Seine Seligkeit und nicht die ihre davon ab. Mit der Leichtfüßigkeit ihrer bürdelosen Jugend läuft die Seele auf jedes erreichbare Opfer zu, es dem Geliebten darzubringen. Aber Seine grenzenlose Liebe läuft noch schneller und kommt ihr zuvor, um den Dorn der Abtötung, nach dem sie greift, in die Blume einer kleinen Freude umzuwandeln. Und obwohl es der Bräutigam ist, der in diesem Liebesstreit jedesmal siegt, so ist es doch immer die Braut, die dabei gewinnt[1]." Es ist die Absicht Gottes, durch Freudigkeit und Trost, welche Er reichlich schenkt, die Seele an Sich zu gewöhnen und zu fesseln und ihr den Geschmack an den irdischen Dingen zu nehmen. Darum kann die Seele jetzt sozusagen immer beten. Es ist das ihre größte Freude, und kein Gedanke erscheint ihr natürlicher, selbstverständlicher und leichter als der an Gott. Die Seele weiß gar nicht, daß ihre festliche Hochgestimmtheit, ihre Herzensfreude in Wirklichkeit Gebet ist. Ohne daß sie es merkt, gewöhnt sie Gott an das innerliche Gebet, an ein Beten ohne Buch, ein Beten „im Geiste und in der Wahrheit", ohne eine verstandesmäßige Zergliederung von Betrachtungspunkten. Er gewöhnt sie an dieses stille, liebende, mit dem Herzen Bei-Ihm-Sein, welches *das* Mittel ist, durch welches der Heilige Geist Sein Werk vollführt. Alle religiösen Übungen, alles Kreuz und Leid strebender Menschen, alle Ordensregeln sind Wege, die an die königliche Bahn der Vollkommenheit heranführen. Wenn man sie erreicht hat, kann man manchmal noch längere Zeit

[1] Teresia Renata de Spiritu Sancto, geb. Posselt, Die siebenfache Gabe, Freiburg i. B. 1936, S. 41 u. 51.

darauf warten, vom Heiligen Geiste mitgenommen zu werden. Viele erreichen sie auf dem Wege der methodischen Betrachtung, manche ohne sie. Das Entscheidende ist eben, daß man dorthin kommt, wohin die methodische Betrachtung einen bringen will, das ist, daß man Gott alles gibt, was Er will, daß man Ihm keinen Wunsch mehr abschlägt, daß man nach außen ein abgetötetes, nach innen ein gesammeltes Leben führt. Die Betrachtung ist ja nicht Selbstzweck, sondern nur Mittel, um das Lieben zu erlernen. Ist das Ziel erreicht, wird das Mittel überflüssig. Wird die Seele durch die Betrachtung am Lieben gehindert, hat das Betrachten aufzuhören. Wenn Gott uns so wachend und liebend findet, wird Er uns — das ist die ausdrückliche Lehre des heiligen Johannes vom Kreuz und der heiligen Theresia — schon zum Mitgehen einladen. Oder vielmehr, Er ist schon gekommen und führt uns, ohne daß wir es gemerkt haben.

IV.

WISSENSCHAFT

Die Gabe der Frömmigkeit zieht den Menschen durch die göttliche Freude und Andacht, worin sie die Seele taucht, hin zu Gott. Bei der Beglückung, welche ihr das Beten schenkt, ahnt die Seele nicht, wie sehr es das fromme Gefühl, das sie erfüllt, ist, welches sie zu Gott hintreibt, also nicht Gott an Sich, sondern Seine beseligende Wirkung in der Seele, also eine mit sehr viel Selbstsucht vermischte und sehr läuterungsbedürftige Gottesliebe. Sobald nun Gott der liebenden Seele die Erdenlust verleidet hat, entwöhnt Er sie der geistlichen Tröstung. Gott entzieht sich, um begehrt zu werden.

3*

Damit die Seele Ihn findet und sich nicht aufhalte durch den Genuß, welcher ihr die Hingabe an Ihn versüßte, schenkt Gott die Gabe der Wissenschaft. „Durch diese Gabe erkennt die Seele, auch ohne den Beistand der Sinne, ohne die zögernde Überlegung der Vernunft, die Abhängigkeit von Gott, in der die ganze Schöpfung sich befindet, und sie versteht, daß nichts in ihr den Seelenhunger stillen kann. Sie erkennt die lockende Anziehungskraft des Geschöpflichen, durch die es, wegen seiner Gleichartigkeit mit uns, Gefahr bedeutet, den Seelenflug von Gott abzulenken oder aufzuhalten. Da löst der Mensch sich los von dem Geschaffenen, das in sich selbst doch eitel ist und nichtig, unfähig zu beglücken. Er möchte leicht und frei entgegenfliegen Dem, der Ruhe ist und Ruhe gibt. Die von Hunger und Durst gepeinigte Seele sucht, weil ihr der himmlische Trost mangelt, ‚Ruh in allen Dingen'. Aber Gott will, daß sie Ihn suche, nicht Seinen Trost, noch ihre Ruhe. Darum muß welken und vergehen, was nicht um seiner selbst willen gegeben war." (Posselt, a. a. O., S. 65 und 67.) Es kommt jetzt die schwierige Zeit, wo die Seele weder an Gott, noch an sich, noch an den Geschöpfen ihr Genügen und Genuß findet. Sie erkennt auch, daß es gar nicht darauf ankommt, ob sie ihr Genügen findet oder nicht. Es kommt darauf an, daß sie ihr ewiges Heil wirke und daß es nicht an ihr liegen darf, daß durch eine Rückkehr zu den geschaffenen Dingen oder durch ihr Bleiben bei ihnen eine der ihr anvertrauten Seelen verloren gehe. Die Hinfälligkeit und Gefährlichkeit ihrer eigenen Schwächen wie die der geschaffenen Dinge erkennt sie, erleuchtet von dem Geiste der Wissenschaft, immer lebendiger. Diese Wissenschaft, die man die Wissenschaft der Heiligen nennt, weil sie Heilige schafft dadurch, daß sie über die geschaffenen Werte belehrt und zum höchsten Gut und Werte hinführt, diese Gabe der Wissenschaft drängt die Seele hin auf den schmalen Weg, der ins Leben führt, hin zur Nachfolge Christi.

Die Seele kommt nun auch über sich selbst allmählich ins Klare. Sie lernt sich selbst kennen und verstehen. Vor ihrem geistigen Auge erscheint ihr vergangenes Leben als geordnet durch Fügung und Führung Gottes und als einem Ziele zustrebend, das allmählich klarere Umrisse bekommt. Ein persönliches Ideal leuchtet ihr auf, welches sie zu verwirklichen hat. Den Gedanken sucht sie darzustellen, den Gott von Ewigkeit in Liebe für sie ausgedacht hat, die Verwirklichung dieser göttlichen Idee wird ihr Ideal. Aus dem Grundzug seines Seelenlebens, aus Temperament und Charakter, aus der Richtung seiner Frömmigkeit, aus der Geschichte seiner Seele mit ihren Erlebnissen, ihren Höhen und Tiefen, ihren Fügungen, Führungen, aus den Aufgaben seines Berufes, sowie dem Willen seiner Vorgesetzten erkennt der Mensch das Leitmotiv seines Lebens. Wie der göttliche Komponist und Dirigent diese Grundmelodie durchfugen wird und welche Kontrapunkte ihr das Leben schwer machen werden, all das weiß die Seele nicht. Aber was auch immer in ihr angeschlagen wird, sie weiß, wofür sie leidet, und sucht ihre Stimme in dem universalen Gotteslob möglichst rein zu singen. Sie weiß auch, daß erst die Verschiedenheit und Mannigfaltigkeit der vielen Stimmen die große Harmonie ergeben. Die Aufgaben sind geteilt, die Berufe verschieden. Vollkommen ist für die Seele das, was ihr hilft, bei der Erfüllung ihres Lebenssinnes. Andere haben andere Aufgaben. Deren Mittel mögen an und für sich vollkommener sein.

Die Seele läßt sich dadurch nicht beirren, daß sie nicht das Gotteslob singen kann wie der Benediktiner, daß ihr die Stunden einsamen Betens fehlen, die der Karthäuser hat, daß sie nicht das Opferleben der Klarissen führen kann: ihre Aufgabe ist eine andere. Sie schaut darum nicht traurig herüber zu den Beschaulichen der strengen Orden. Sie weiß, was für sie das Beste ist. Es ist nur dasjenige, was ihr am besten hilft, den Gedanken, den Gott von ihr hat, zu verwirklichen.

Jetzt liest der Mensch mit Eifer im heiligen Evangelium. Es ist für ihn das Buch geworden. Unter dem Buchstaben leuchtet ihm jetzt der Geist auf. Wenn er jetzt darin liest, möchte er oft und oft innehalten, um auszuschöpfen und all das auszukosten, was ihm jetzt ganz persönlich so viel zu sagen hat, worüber er früher ahnungs- und interesselos hinweggelesen hatte. Die Evangelien kommen ihm vor wie ein Film. Wenn er früher den Streifen in die Hand nahm, gegen das Licht hielt und die Bilder betrachtete, dann waren sie klein und grau, ohne Bewegung und ohne rechtes Leben. Jetzt kommt es ihm vor, als wenn ein starker Projektor ihm die Bilder groß und klar, voll Bewegung und Leben in die Seele projiziere. Dabei sind es nicht lebhafte Vorstellungen oder großartige Gedanken und Konzeptionen, die sich ihm in die Seele senken, sondern es ist die *intima cognitio Cordis Jesu,* die immer mehr seine Seele durchdringt. Sie wird erfüllt von dem Verlangen, diesem Herzen immer ähnlicher zu werden, Seinem Werben um Liebe immer treuer zu entsprechen, und sie verlangt brennend, immer mehr Menschen zur vollkommenen Nachfolge des Heilandes zu bewegen und mit aller Kraft an der Rettung der Seelen zu arbeiten. Sie erkennt immer deutlicher, daß der Herr durch Sein Kreuz und Leiden die Welt erlöst hat, und sie will nichts anderes mehr als Christus, und Ihn als Gekreuzigten.

Was muß die Seele tun, die der Heilige Geist einführt in die Wissenschaft des Vergänglichen und hinführt an die Wissenschaft von der gekreuzigten Liebe? Das Wissen um die gekreuzigte Liebe wird hinführen zum Kreuz. Darum ist es so wichtig, daß wir die Vorbereitung, in die uns der Heilige Geist jetzt nimmt, gut mitmachen. Deshalb sollen wir uns bemühen: eifrig in der Heiligen Schrift zu lesen, besinnlich innehalten und in bereitem Herzen aufnehmen das Wasser, das da zu fließen beginnt; alle Schwierigkeiten mit unserer eigenen Seele, alle Mutlosigkeiten, alles Kreuz und Leid von außen sowie die Enttäuschungen an den Seelen Dem opfern, der für uns gekreuzigt ist; die Vorsätze treu durchführen, jetzt, wo es manchmal schwer wird; vor allem sich um eine beständige innere Sammlung bemühen; den Rosenkranz fleißig beten, besonders unterwegs auf der Straße, auf Spaziergängen, natürlich ohne daß die Menschen ihn sehen; manchmal das Gebet verlängern (aber nicht krampfhaft), wenn man im Zweifel ist, ob Gott einen schon aus der Audienz entlassen will.

Eine kleine Anregung zum Gebet ist nicht selten der Keim einer großen Gnade. Gott schenkt sie uns gewöhnlich nicht als reife Frucht, sondern bietet sie uns an in der Knospe. Eine Knospe ist etwas Unscheinbares, das man leicht nicht beachtet. Läßt man sie sich öffnen, dann erfreuen ihre Schönheit und ihr Duft kurze Zeit. Aber der Sinn der Blüte ist nicht ihr Reiz. Die Blüte muß verwelken und vertrocknen, und in langen heißen Tagen und in dunklen Nächten reift die Frucht.

Betrachten wie früher ist unmöglich. Gott will uns in dieser Zeit darauf vorbereiten, daß Er uns immer mehr Gnaden geben und uns zu immer besseren Werkzeugen für Seine Heilspläne machen kann. Darum will Er nichts anderes als dieses, daß wir ganz einfach und schlicht Ihm hingegeben und geöffnet sind, daß wir Ihm liebend zugewandt sind, ohne große Vorstellungen, ohne große Gedanken, einfach aufmerksam zu Gott gerichtet, liebend mit dem Herzen bei Ihm seiend, ganz so, wie der liebende Zug unseres Herzens, der von oben ist, es will. So sind wir in Friede und in einer meist verhaltenen, manchmal stark gefühlten inneren freudigen Ruhe, bereit und begierig, Großes für die gekreuzigte Liebe zu tun und zu leiden.

V.

STÄRKE

Die Gabe der Wissenschaft löst uns von den geschaffenen Dingen, indem sie uns zeigt, was an ihnen ist. Sie weist uns hin auf den Weg, der zum Himmel führt in der Nachfolge des Heilandes. Sie wird uns zur Wissenschaft von der gekreuzigten Liebe, und die Liebe zum Gekreuzigten führt uns dann hin zum Kreuz.

Manchen wird beim Gedanken an diesen Schritt Angst ankommen. Er weiß nicht, daß dieses Erleben seines Nichtkönnens, seines Nichtmögens, seiner ganzen Kleinheit und Schwachheit notwendig ist. Es ist dieses die Voraussetzung dafür, daß die Gabe der Stärke ihn ergreifen und über alle Schwierigkeiten hinwegtragen kann. Früher hatte er es gelernt und hatte es auch verstandesmäßig geglaubt, wie es im Katechismus steht: daß der Mensch ohne Gnade nichts kann. Er spürte aber in seinem Sein und in seinem Tun nicht, daß ihn jederzeit die Gnade hielt, und, ohne es sich gedanklich auszusprechen, lebte er so, als ob er doch aus sich sehr vieles könnte. Er merkte eben nicht, daß Gott ihn hielt, er schrieb es sich selbst zu.

Diese Zeit ist jetzt vorbei. Kreuz und Leid von außen, unaussprechliche Bedrängnisse von innen, lassen es ihn in allen Tiefen seiner Seele erschütternd erfahren, daß er nichts hat, daß er nichts ist, daß er nichts kann. Er fühlt sich zermalmt unter dem Druck der ihn bedrängenden Gefühle, der Versuchungen des Fleisches und des Geistes, der Anfechtungen des Glaubens, fühlt sich hingezerrt an alle finstern Wasser der Trostlosigkeit und Verzweiflung, versucht zu Gotteshaß, ohne die Erinnerung, Gott je geliebt zu haben, unfähig des Gedankens, je etwas für Ihn getan zu haben, ohne jede Aussicht, je etwas für Ihn tun zu können, ohne jedes Gefühl, für Ihn etwas tun zu wollen. Vielleicht hat dieser selbe jahrelang vor der Konsekration des Kelches darum gebetet, für den Heiland etwas anderes vergießen zu können als ein paar Tropfen Schweiß. Ein gut Stück sehr läuterungsbedürftigen Temperamentes steckte gewiß in solchem Rekruten der Ecclesia militans, aber dahinter stand doch sehr viel guter Wille, Großes für den Herrgott zu tun, auch durch Leiden. Durch schwere, schwere Stunden hat er sich durchgerungen, hat dann Schweres und Schwerstes durchgemacht, ohne sich erbittern zu lassen, bereit zu allem, weil er aus Erfahrung wußte, daß der Herrgott schon helfen würde, wenn auch vielleicht erst beim Sterben, und daß Er die Seinen nicht im Stiche läßt. Und jetzt? fühlt er sich beinahe von Dem verlassen, der ihm in allem beigestanden und durch alles hindurchgeholfen hatte. Darf man einem Menschen, der mitten in diesem Leid steht, dessen Seele eingetaucht ist in Dunkel und Nacht, dem der Himmel verfinstert und zu Blei und Eisen geworden ist, dessen menschliche Natur seufzt unter allen nur denkbaren Anfechtungen und Leidenschaften, darf man dem vom Kreuz sprechen? Der ist ja dort, wohin all die Schwierigkeiten, von denen wir gesprochen haben, hinführen, worauf die Wissenschaft von der gekreuzigten Liebe vorbereiten will. Und doch wird die Seele, die mitten im Kreuze drinsteckt, glauben, es sei das alles nichts, was sie da durchmache, und sie ist betrübt, weil sie nur so wenig für den großen Gott und nur auf so unvollkommene Weise tun konnte, oder vielmehr, sie ist darüber betrübt, daß sie nicht hierüber betrübt ist. Wie ein finsterer Abgrund gähnt sie die Zukunft an. Was für Leid lauert in dieser Finsternis, bereit, sich auf die Seele zu stürzen?

In dieser dunklen Nacht der Seele, da muß die Gabe der Stärke dem ganz klein gewordenen, schwachen Menschen helfen. In dieser Schwachheit, da will die Kraft Gottes zur Vollendung kommen, da will sie siegen. Denken wir daran, daß es sich in dieser Prüfung, obwohl sie sich mit ungeheurer Heftigkeit in der sinnlichen Natur des Menschen austoben kann, im Grunde um die Läuterung nicht so sehr des sinnlichen, als des geistigen Menschen handelt. Daß er glaubt an Gott, nicht weil dieser Glaube die Krönung seines übrigen Wissens und Denkens ist (deshalb war er früher ihm so selbstverständlich), sondern weil er Gott immer mehr als den ihn zum Glauben Bewegenden und die Glaubenshingabe Verursachenden erkennt. Daß er auf Gott hofft, jetzt, wo er erkennt, daß kein, aber auch gar kein Grund vorliegt, weshalb Gott ihm gut sein sollte. Früher hatte er, wenn auch nicht theoretisch klar formuliert, doch tatsächlich praktisch gemeint, es sei die weiße Weste, welche das gute Verhältnis zu Gott begründe. Als ob es irgend etwas gäbe beim Geschöpfe, was Grund zu irgend etwas für den Schöpfer sein könnte! Gott Selbst, Seine Güte, wird nun zum einzigen Motiv der Hoffnung, und weil es die Hoffnung auf Gott ist, den Unendlichen, den unermeßlichen Guten, da wagt die Seele endlich, was sie soll, wohin gerade Gott sie führen will, daß sie auf Ihn hofft, trotz und wegen ihrer Fehler, trotz der endlosen Kette ihrer Versager, trotz ihres fortgesetzten Widerstandes gegen die Gnade und trotz der Nichtbeachtung der angebotenen Gnaden. In dieser Nacht des inneren und äußeren Kreuzes, des Leides, das von außen kommt, und der Bedrängnis, die aus der Läuterungsbedürftigkeit der Seele stammt, da muß der Geist der Stärke den Menschen halten.

Die Versuchung will dem Menschen durch den Hinweis auf das zukünftige Kreuz das gegenwärtige unerträglich machen. Bei dem gegenwärtigen haben wir als unsichtbaren Simon von Cyrene Gott. Das können wir tragen, natürlich nicht aus uns, sondern durch Den, der uns stärkt. Das unwirkliche, durch die versuchte Phantasie uns vorgegaukelte, muß der vom Geist der Stärke getragene Wille als Versuchung unbedingt ablehnen.

In solchen Versuchungen ist es wichtigster Grundsatz, nichts zu ändern. Weder mit etwas aufhören, was man zu halten pflegte, auch wenn das Gebet, wegen der Gedanken dabei, eine Beleidigung Gottes zu sein scheint, noch auch etwas Neues anfangen. Entscheidungen dürfen jetzt nicht getroffen werden. Es ist ja die grundsätzliche Entscheidung da, alles zu tun, was Gott will. Was Er im konkreten Falle will, das soll die Seele nicht allein, sondern mit dem Seelenführer feststellen. Gott hat so viele Jahre gewartet, auf die paar Tage bis zur Entscheidung des Seelenführers kommt es Ihm nicht an. Wenn da zu einem Kurzschluß gedrängt wird, so kommt das also nicht von Ihm, sondern von einer anderen Seite; mit diesem Gegner darf man nicht eigenmächtig kämpfen, sondern nur in der Kraft des Gehorsams. Diese Lösung bringt Ruhe und entlarvt die Versuchung, welche unter dem Schein des Besseren die Seele überbelasten und dadurch von Gott wegführen will, als das, was sie ist.

An und für sich ist es gleichgültig zu wissen, ob eine Versuchung aus der eigenen Natur stammt oder vom bösen Feind. Es ist aber doch gut, sich zu sagen, daß, wo die Kirche seinen Einfluß als groß und nicht als gering ansieht, die Vermutung für den bösen Feind spricht, wenn ihre Dialektik und die Raffiniertheit ihrer Argumente bei besonderer Heftigkeit und Dringlichkeit es nahelegen, daß die Versuchung von einer uns überlegenen Intelligenz geführt wird. Besonders, wenn Gegenstand der Versuchung nicht etwas Gegenwärtiges ist, sondern etwas Vergangenes, besonders aber, wenn etwas Zukünftiges, ganz besonders, wenn etwas bedingt Zukünftiges. Man soll sich stets alarmiert fühlen bei größerer Aufregung über Dinge, die in der Zukunft liegen, bei Gedanken wie: was werde ich tun, wenn dies oder jenes geschehen wird oder geschehen würde. Die Aufregung, welche so etwas bedingt Zukünftiges verursacht, steht in keinerlei Verhältnis zu der objektiven Frage, um die es sich handelt. Die Frage ist aufgebläht wie ein aufgeblasener Luftballon. Und man braucht nur dem Beichtvater ein Wort von ihr zu sagen oder auch nur sich vorzunehmen, es zu tun, so sinkt die Versuchung in sich zusammen wie ein Luftballon, in den man hineingestochen hat.

Hier zeigt es sich, daß es sehr gefährlich ist, ohne Seelenführer um das höchste Gut zu kämpfen. Ja, man kann in aller Wahrheit sagen, daß der Mensch ohne Seelenführer in diesen Versuchungen und Schwierigkeiten stecken bleibt. Darum ist es auch nicht die geringste Versuchung und gewiß auch nicht die am wenigsten teuflische, welche die Seele mit übertriebener Sorge und Exaktheit ihr bißchen Materie für die Beichte zusammenkratzen läßt, sie aber sich ausschweigen läßt über ihre eigentlichen Probleme, Kämpfe und Schwierigkeiten. Es ist ein wahres Kreuz, daß es so wenig erfahrene Seelenführer gibt. Die notwendige Belehrung wird man unter Umständen um so stärker in den Schriften der Heiligen und anderer Meister des geistlichen Lebens suchen müssen und auch finden können. Diejenige Seele entwindet sich sehr schnell ihrer Fesseln und Hemmnisse und erspart sich viele Jahre nutzloser Kämpfe, deren Ausgang noch dazu zweifelhaft ist, welche einem erfahrenen Beichtvater die Fragen und Probleme beichtet, die sie in Wirklichkeit bewegen, wenn sie auch noch so absurd erscheinen.

So muß es denn Hauptgrundsatz sein, während dieser Kämpfe, in denen unsere Seelenfestung auf schwache Stellen abgetastet wird, welche dann unter Einsatz aller Kampfmittel, gerade auch jener alten, lange nicht versuchten, die früher einmal sehr wirksam gewesen waren, berannt werden: Nichts ändern, sondern festhalten und durchhalten, ohne Sorge um die Zukunft. Die Hauptschwierigkeit macht ja gewöhnlich nicht die gegenwärtige aktuelle Bedrängnis, sondern die imaginäre vorgestellte der Zukunft, der Gedanke, daß es nicht zum Aushalten wäre, wenn die Leiden noch länger anhielten. „Ich leide immer nur einen Augenblick, den gegenwärtigen;

wenn man an das Vergangene und Zukünftige denkt, dann verzweifelt man" (Heilige Theresia vom Kinde Jesu). Das zeigt, was jetzt in Wirklichkeit geläutert wird, nämlich unser Glaube, unser Vertrauen, unsere Hoffnung.

Deutlicher als bei den anderen Gaben kann man bei der Gabe der Stärke sehen, daß sie im Dienste der drei göttlichen Tugenden steht. Um die Seele immer vollkommener mit Sich zu verbinden, läßt Gott sie durch all das Kreuz und Leid gehen, setzt Er sie allen geistigen Finsternissen aus, allen dunklen, niederschmetternden Bedrängnissen, dem vernichtenden Gefühl der Ohnmacht und der Verkehrtheit ihrer Natur, läßt Er sie so hart aufschlagen auf ihre Fehler und Unvollkommenheiten. Gott stärkt, aber Er tröstet nicht. Und wenn der Mensch sich innerlich wundreiben könnte an seinen Mitmenschen, an lieblosen, gehässigen Gefährten, an Vorgesetzten, die launisch, ungerecht, ehrgeizig sich selbst suchen und nicht Gott, dann gibt der Geist der Stärke der Seele die Kraft, in den Verkehrtheiten der Menschen die geraden Wege Gottes zu erkennen und die ewige Liebe am Werke zu sehen, die alles zum Besten der Seele lenkt, zu ihrem Heile, zu ihrer Heiligung. Der Glaube verleiht die Sicht, daß alles, was geschieht, als von Ihm kommend erkannt wird. Aber dieser Glaube muß gestärkt werden. Die Hoffnung muß gefestigt werden, daß sie nicht zermürbt wird durch menschliche Kleinheit, durch all das Kreuz und Leid, in Verlassenheit von Gott und Einsamkeit vor den Menschen, in Verfolgung von Seiten nicht der Schlechten, sondern der Guten. Die Liebe muß genährt werden durch das harte Brot der Entbehrungen, damit sie frei wird von aller Selbstsucht und Genußsucht, damit die Seele nicht zurückkehrt zu den

Geschöpfen, sich bei ihnen Trost holt und Ersatz für Gott sucht. Die Seele soll lernen, ihrer eigenen Kraft mißtrauen, der Stärke Gottes aber unbegrenzt vertrauen. Sie soll die Wahrheit des Pauluswortes leben „Wenn ich schwach bin, dann bin ich stark, aber nicht ich, sondern Gottes Kraft in mir“ (2 Kor 12, 10).

Wenn dann die Seele, gehalten durch die Kraft des Heiligen Geistes, „nach zahlreichen, mit heldenmütiger Stärke ertragenen Schlägen, häufigen Fällen und vielen Leiden, die immer geistiger und feiner werden, dahin gelangt ist, in nichts mehr auf sich selbst zu rechnen, im Innerlichsten, was die Eigenliebe hat, sich abzusterben, um gänzlich sich in Gottes Wirken zu verlieren, dann tritt an die Stelle der armseligen Menschenschwäche Gottes Kraft und jener Geist der Stärke, der, nach des Apostels Wort, nur in der Schwachheit vollkommen werden kann (2 Kor 12, 9), d. h. der durch den Zusammenbruch und die Vernichtung der menschlichen Selbstherrlichkeit zur vollkommenen Herrschaft gelangt. In dieser heiligen Stärke unternimmt die Seele alles, erträgt sie alles. Sie bewältigt die schwersten Arbeiten, trotzt den größten Gefahren, nimmt Mühsal, Spott und Undank auf sich, Demütigungen jeder Art, und alles das in heroischer Weise, zur Ehre Gottes und des Nächsten Heil. Nie zweifelt sie am Sieg. Alles gelingt ihr. Die kühnsten Wünsche sieht sie in Erfüllung gehen. Keine Schwierigkeit hält sie mehr auf, kein Hindernis widersteht ihr, keine Gefahr überrascht sie. Sie würde sich getrauen, über Löwen und Basilisken hinwegzuschreiten. Ihre Stärke liegt im demütigen Bewußtsein ihrer Schwäche. Ihr Erfolg in der aufrichtigen Anerkennung ihrer Untauglichkeit. Ihre Größe in der seligen Überzeugung von ihrer Nichtigkeit. Eine solche Seele gibt alle Ehre Gott allein. Sie behält nichts für sich. Sie ist Gefäß geworden — leer und lauter — der Fülle Gottes empfänglich" (Posselt, a. a. O., S. 87).

Beste Belehrung für die Beurteilung der Schwierigkeiten, durch welche die Seele geführt wird, findet man in den Regeln des heiligen Ignatius für die Unterscheidung der Geister (s. Anhang V, S. 118).

VI.

RAT

In den Jahren der läuternden Kämpfe, welche im Feuer innerer und äußerer Prüfungen alle Hindernisse in der Seele wegschmelzen sollen, damit der göttliche Seelenführer, der Heilige Geist, Seine Herrschaft antreten kann, ist der menschliche Seelenführer besonders notwendig. Darin besteht der Unterschied zwischen dem menschlichen und dem göttlichen Seelenführer: der menschliche kann nur Hindernisse beseitigen, welche der freien Entfaltung des Heiligen Geistes in der Seele im Wege stehen; ohne den menschlichen wird schwerlich die Läuterung ihr Ziel erreichen. Ist dann der geläuterte Mensch zur Freiheit der Kinder Gottes gelangt, dann kann der heilige Gottesgeist Seine Herrschaft antreten und in positiver Weise, ohne Reibung und Behinderung, Seines Führeramtes walten.

Ist also die Seele, geleitet durch die Gabe der Wissenschaft und gehalten von der Gabe der Stärke, im Feuerofen der göttlichen Prüfungen geläutert, dann kommt sie als eine ganz andere, als eine neue Kreatur hervor. Der Mensch ist in einer neuen, tieferen Weise Freund Gottes geworden. Es war noch so manches gewesen, was die Hingegebenheit an Gott belastet hatte. Nun ist die Seele von all dem frei geworden. Sie ist beschwingt, die Wünsche ihres göttlichen Freundes zu erfüllen. Es ist, als ob der Seele sich ein Sinn geöffnet hätte, ein Spürorgan, jeden Augenblick zu erspüren, was das Gott Liebere, das Ihm Wohlgefälligere ist. Dies Organ war schon lange da, ist auch schon viel gebraucht worden. Es ist wie ein optisches Instrument, das jetzt die richtige Einstellung auf seinen Gegenstand bekommen hat — der Wille Gottes wird jetzt in aller Deutlichkeit auf der Stelle erkannt. Die menschliche Klugheit ist oft so kurzsichtig und zaghaft, und was sich uns als Aufgabe stellt, ist oft so vieldeutig und in seinen Folgen und Auswirkungen so wenig übersehbar. Da ergänzt Gott der Allwissende durch die Gabe des Rates die in ihren Grenzen befangene Klugheit und gibt dem Menschen ein, was zu tun ist. Die gefügig gewordene Seele ist beherrscht von diesem „Antrieb ins Vollkommene". Die Gabe des Rates macht also nicht zu einem guten Ratgeber für andere in Sachen ihres Heiles, obwohl ein Mensch, der sich in allem vom Geiste Gottes leiten läßt, sicherlich besonders geeignet ist, andere zu führen und ihnen in ihren Seelenangelegenheiten zu raten. Sie verleiht vielmehr dem, der diese Gabe hat, das Gespür für das Rätliche, für das, was ihm selbst nach den Liebesabsichten Gottes zum Besten ist.

Schwester Teresia Renata de Spiritu Sancto beschreibt die hohe Vollkommenheit der Seele, die, sich selbst ganz abgestorben, so eins geworden ist mit dem Willen Gottes, daß kein anderer Einfluß als nur Sein Rat Beweggrund ihres Tuns und Regens ist, etwa mit folgenden Worten: Gott nimmt an, was Sein ist. Die Liebe herrscht, doch nicht wie Könige ihren Untertanen befehlen. „Ich nenne euch fürder nicht mehr Knechte; weiß doch der Knecht nicht, was sein Herr tut. Euch heiße ich Freunde." Der Liebe ist das Zepter übergeben, und sie regiert beratend, nicht gebietend. Der göttliche Freund übt die Herrschaft aus durch Seinen Rat, dem Freund die Freiheit lassend und die Freude, aus Liebe seinen Willen aufzuopfern und ihn in Liebe dann erfüllt zu sehen. Dieser Freundesrat gilt mehr als jeder Machtbefehl von anderer Seite. Je mehr die erste Liebe zur vollen Hingegebenheit wird, desto edler, inniger und feiner kann der Geist des Lebens durch Seine Gaben wirken. Eine höhere Führung, der Rat des Herrn, wird zum Lebensprinzip. Der Heilige Geist, als dulcis hospes animae, als der Freund der Seele und ihr zweites Ich, leitet sie durch ein unaussprechlich zartes Wehen zur Vollkommenheit. Die Seele versteht dann ohne weiteres, was zu tun und was zu lassen das Vollkommenste ist, sie erfaßt zur rechten Zeit den günstigen Moment und trifft sofort das Richtige mit Sicherheit. Es scheint da jeder Tugendakt wie vorgemacht und eingegeben, so als ob des Freundes Stimme vorsage, wie man sich zu benehmen und zu verhalten hat. Die Tugend wird dann nicht nur immer öfter und treuer geübt, sondern auch immer einfacher und darum vollkommener. Die Liebe wird zur vorherrschenden, zur einzigen Tugend. Die Seele kennt nur noch die einzige Lebensaufgabe, Den wiederzulieben, der sie geliebt hat bis zum Tode am Kreuze (a. a. O., S. 90—95).

Zur Freundschaft gehört der vertraute Verkehr der Freunde, ihr gegenseitiges Sichöffnen, das Erschließen der innersten Gedanken. Der göttliche Freund hatte schon lange in der Gabe der Wissenschaft der Seele die richtige Einschätzung der geschaffenen Dinge geschenkt und durch die Gabe der

Stärke, nach immer neuen Anläufen, ihren Willen endlich ganz herausgezogen aus aller Verstrickung mit dem Irdischen und sie frei gemacht von allen Ichgelüsten. Nun, wo der Mensch wirklich Freund Gottes geworden ist und dasselbe Wollen und dasselbe Nichtwollen die Seele mit Gott verbindet, da kann Gott sie auch in Seine Geheimnisse hineinschauen lassen und ihr ungeahnte Einsichten in die Erweise Seiner Liebe schenken. Es ist die Gabe der Einsicht, mit welcher Gott die Treue jener lohnt, die den Leidenskelch getrunken haben und dadurch Seine Freunde geworden sind. Die höchsten Gaben der Einsicht und der Weisheit werden in ihrer Fülle erst jenen zuteil, welche die unschätzbare Gnade der umwandelnden Vereinigung erhalten haben, eine Gnade, welche wirklichen Heiligen, Menschen, die „daran sterben, weil sie nicht sterben" (Theresia von Avila), erst am Abend ihres Lebens geschenkt wird. Diese Umwandlung bewirkt eine solche Durchgnadung des Menschen, daß sogar seine allerersten, vom Gewissen noch nicht kontrollierbaren Regungen fast stets Bewegungen sind hin zu Gott.

Solange aber dieser höchste aller Gnadenerweise Gottes das Gefäß der Auserwählung nicht umgewandelt hat, erlebt derselbe Mensch, der in allem sich bemüht, stets den liebsten Willen Gottes zu erfüllen, daß er jeden Tag fällt, „siebenmal siebenzig mal". Und an diesen seinen Fällen erlebt und erwirbt er sich die tiefsten Einsichten in die Verderbtheit und Sündhaftigkeit der menschlichen Natur, ihrer unüberwindlichen Schwäche, und in die Unzulänglichkeit auch des besten Willens, und zugleich schenkt sich ihm ein sehr hohes Verständnis der allerbarmenden Liebe Gottes, welche alles Begreifen übersteigt.

Man könnte einen Widerspruch darin erblicken, daß der Mensch vom Heiligen Geiste durch die Gabe des Rates in allem geleitet und zum Vollkommenen hingetrieben wird und daß derselbe Mensch — in vielem sündigen wir alle (Jak 3, 2) — bei allem seinem Tun zugleich, in tiefster Seele erschüttert, es erlebt, daß er hinter allem zurückbleibt und doch nicht so ist, wie er sein könnte und sollte, und alles doch nicht so gut tut, wie er es tun müßte. Dieses Erleben seiner Kreatürlichkeit, seiner Grenzen als Geschöpf, als eines erbsündlich und durch persönliche Sünden belasteten und immer noch irgendwie in Unordnung befindlichen Geschöpfes, ist der Untergrund, auf welchem Gott die Darstellung Seines wirklichen Wesens in der Seele malt: Gott ist der Allerbarmer, der Heiland der Sünder.

Was die Seele zuerst so erdrückt, vernichtet hatte in ihren eigenen Augen, daß sie nichts hat, daß sie mit leeren Händen vor Gott steht, daß alle unsere Gerechtigkeit vor Gott befleckt ist und daß sie sogar nichts *ist,* das wird zur Quelle ihres Trostes und ihrer Erhebung zu Gott. Was der heilige Paulus von der Liebe sagt, das findet sie jetzt alles bei Gott, ihrem Freunde, soweit es keine Beschränkung bedeutet: Seine Liebe zu ihr ist langmütig — wie lange hat Gott den Menschen schon ertragen! — ist gütig — unendlich viel Gutes hat Er ihm erwiesen —, sie sucht nicht ihren Vorteil — vielmehr hat der Sohn Gottes Sich Selbst entäußert, ist uns in allem gleich geworden —; die Liebe läßt sich nicht erbittern, trägt nichts Böses nach — wie gut weiß das die Seele! — sie trägt alles, glaubt alles — Gott freut Sich, wenn Er etwas entschuldigen kann, Er beugt Sich sehnsuchtsvoll über jedes Zeichen guten Willens, hegt und stärkt ihn —, sie hofft alles, duldet alles — was tut Gott nicht, um das verlorene Schaf wiederzugewinnen! So erfährt die Seele die Liebe ihres göttlichen Freundes.

Der Mensch kann es auf doppelte Weise erleben, daß er ein Sünder ist: dadurch daß er in einer wichtigen Sache mit klarer Erkenntnis ein Gebot Gottes freiwillig übertritt und hierdurch sich von Gott trennt, aber auch, und noch viel tiefer dann, wenn er vielleicht noch nie oder seit vielen Jahren nicht mehr eine solche schwere Sünde getan und zugleich in vielen Monaten vielleicht nicht ein einziges Mal mit voller Freiwilligkeit in einer geringen Sache ein Gebot Gottes übertreten hat. Diese letzteren, von denen der Heiland sagt: Wer Mich liebt, bewahrt Mein Wort; Mein Vater wird ihn lieben, und Wir werden zu ihm kommen und Wohnung bei ihm nehmen (Jo 14, 23), läßt Gott den ganzen Abgrund ihres Nichts erfahren, damit sie ganz durchdrungen sind von dem, was sie vor Ihm sind, und damit Er in Seiner herablassenden Liebe — was ihnen ein schaudererregendes Mysterium ist — als Freund in diesen Abgründen Wohnung nehmen kann. Wie Himmel und Hölle sich unterscheiden, so unterscheiden sich die Sünder, die Gott lieben und Sein Wort bewahren, von jenen Sündern, welche die Gebote Gottes nicht halten und deshalb nicht in Seiner Gnade leben. Jeder wirklich religiöse Geist erlebt es, daß der Gerechtfertigte zugleich auch Sünder ist, und jeder Heilige wäre bereit, sein Blut für diese Wahrheit zu vergießen, daß der Mensch Sünder ist und nie etwas anderes sein kann als ein begnadeter Sünder. Das Konzil von Mileve im Jahre 416 erklärt: Jeder, der die Worte im Gebet des Herrn: „Vergib uns unsere Schulden“ so auslegt, als ob dies von den Heiligen aus Demut und nicht in Wahrheit gesagt werde, der sei im Banne (Denz. 108 u. 107).

Die Heiligen werden von Gott in dem ständigen Anblick ihrer Schwachheiten gehalten, und der Freundschaftsverkehr mit Gott beruht auf Seiner Sünderliebe. Sie machen aus ihren Unvollkommenheiten die tägliche Nahrung ihrer Demut. Darin besteht gerade das Geheimnis ihrer Heiligkeit, daß sie sich abgefunden haben mit ihren Schwachheiten, daß sie sich selbst mit ihren Fehlern ertragen, sie natürlich, selbstverständlich finden, sich nicht über sie wundern, nicht mißmutig und verärgert dagegen revoltieren, sondern in der beherzten Anerkennung, daß sie nur Staub sind, von dem man nichts anderes erwarten kann und sogar nur Schlimmeres befürchten muß, aus der Tiefe ihres Selbstmißtrauens sich emporschwingen zu größtem Vertrauen auf Gottes unbegrenzte und allmächtige Güte. So mißtrauen sich die Heiligen, aber sie bleiben nicht dabei stehen, sondern erheben sich sofort zum größten Vertrauen auf Gott. Sie benützen ihre Unvollkommenheiten, um mit ihnen das Feuer der Liebe zu Gott in ihrem Herzen zu nähren und zu entflammen, sie lassen sich durch sie nicht traurig machen und niederziehen, sondern sie erheben sich an ihnen zu Gott. Die Unvollkommenheiten sind bei den Heiligen eine Leiter, auf der sie zu Gott steigen. Andere Menschen steigen auf dieser Leiter hinab in das Elend der Sünde, oder sie bleiben traurig und entrüstet über ihre Schwachheiten stehen. Die Heiligen werden über sie nicht traurig, sie sind zufrieden, daß sie so schwach und elend sind, und freudigen Herzens wenden sie sich ab von dem, was hinter ihnen liegt, und strecken sich aus nach dem, was vor ihnen liegt. Das Eigentliche bei ihren Kämpfen sind gar nicht, wie man das gewöhnlich meint, ihre Fehler und Unvollkommenheiten, sondern ihr Glaube an die Liebe Gottes trotz ihrer Fehlerhaftigkeit. Ihr Vertrauen auf Seine Liebe wird ins Heroische emporgeläutert durch Anfechtungen, welche jenen harmlos erscheinen, die keine Ahnung davon haben, mit welcher Evidenz und Stärke die Heiligen ihr eigenes Nichts erkennen und wie allgewaltig und fordernd Gottes Heiligkeit ihnen vor der Seele steht.

Die heilige Theresia vom Kinde Jesu schreibt einmal an eine ihrer Schwestern: „Ich sage Dir, wenn Jesus zu Magdalena gesagt hat, daß der Ihn mehr liebt, dem Er mehr erlassen hat, so kann man das mit noch mehr Grund wiederholen, wenn Jesus einem die Sünden im vornhinein erlassen hat. Er hat mir erlassen, überhaupt zu sündigen! Ein solches Kind bin ich: Gegenstand der vorhersehenden Liebe eines Vaters, der Sein Wort gesandt hat, nicht um Gerechte, sondern um Sünder zu retten. Er will, daß ich ihn liebe, weil Er mir nicht viel, sondern alles erlassen hat[1]."

Bei den Heiligen hat Gott das Als-ob zerbrochen, welches die von Ihm noch nicht geläuterten Menschen annehmen läßt, daß sie aus sich doch etwas vor Gott vermöchten. Sie spüren das Gewicht der Erbsünde und der Folgen ihrer persönlichen Sünden, den beständigen Zug, der ihnen eignet, welcher das Gegengewicht gegen das Ziehen Gottes in der Seele ist. „Es bleibt in den Getauften", erklärt das Konzil von Trient, „die Begierlichkeit; sie ist zum

[1] Geschichte einer Seele, Kap. 4, zitiert nach dem wichtigen Buch von Ida Friederike Görres „Das verborgene Antlitz", einer Studie über Therese von Lisieux, welche viel Licht wirft auf die Frage vom Menschen, der beides zugleich ist, Sünder und Gerechtfertigter; man lese besonders das Kapitel „Mit leeren Händen".

Kampfe zurückgeblieben, vermag aber denen, die nicht einwilligen, vielmehr mit der Gnade Jesu Christi tapfer widerstehen, nicht zu schaden" (Denz. 792). Das Gewicht der Erbsünde ist eine metaphysische Unordnung, welche aufhören muß, wenn ihr Sinn sich erfüllt hat, also wenn die Zeit des Kampfes vorbei ist. Hier auf Erden erkennen wir an diesem Gewicht negativ, aus dem Schatten, aus unserem Unvermögen, daß wir nichts sind; im Himmel, wo dieses Gewicht uns nicht mehr bedrückt, erkennen wir positiv, im Lichte Gottes, aus Seinem Vermögen, daß wir nichts sind, daß wir reine Gefäße sind, deren Bestimmung ist, offen zu sein zur Aufnahme der göttlichen Erbarmungen. Die Folgen der Erbsünde, weil eine metaphysische Unordnung, werden nicht mit in den Himmel übernommen. Das ungeordnete Begehren ist, solange die Einwilligung des Willens fehlt, keine moralische Unordnung, also nicht Sünde. Und wenn sie der heilige Paulus Sünde nennt (Röm 6, 12 ff.), so erklärt das Trienter Konzil, daß die Katholische Kirche dies niemals so verstanden habe, als ob die Begierlichkeit in den Wiedergeborenen Sünde im eigentlichen und wahren Sinne sei, sondern daß sie deshalb Sünde genannt werde, weil sie aus der Ursünde stammt und zur Sünde geneigt macht (Denz. 792). Weil durch die Gnade unseres Herrn Jesus Christus in der heiligen Taufe alles, was den Charakter von Schuld im eigentlichen Sinne hat, hinweggenommen wird, gibt es in den Wiedergeborenen nichts, was hassenswert in Gottes Augen wäre (Denz. 792). In diesem sterblichen Leben freilich fallen auch die heiligsten Menschen, wenn ihnen nicht das besondere Gnadenprivileg der Unsündlichkeit geschenkt worden ist, noch manchmal in läßliche Sünden; aber sie hören deshalb nicht auf,

Gerechte zu sein; ihr Gebet ist ebenso demütig wie wahr: Vergib uns unsere Schuld (Denz. 804).

Bei Vollkommenen sind jedoch läßliche Sünden, d. h. bewußte freigewollte Verfehlungen in geringen Dingen, etwas sehr Seltenes. Solche Menschen sind über die Anfänge ihres religiösen Lebens längst hinaus, wo Gott ihnen durch Trost gewissermaßen laufend ihre Bravheit quittieren mußte, ohne daß sie ahnten, durch wieviel Ungeordnetes ihre Hingabe noch getrübt war. In den langen Jahren der Läuterung lernten sie das Gewicht der Sünde wieder kennen, und je treuer sie in der Übung der Tugend waren, um so stärker erlebten sie, daß all unsere Gerechtigkeit vor Gott befleckt ist: Nicht so sehr an den einzelnen mehr oder minder freiwilligen Fehlern, als in der ganzen Linie unserer menschlichen Gebrechlichkeit und Schwachheit, in dem Nachlassen einer ununterbrochenen Wachsamkeit und Sammlung, in den kleinen Abweichungen und Ausweichungen oder Unterlassungen aus Menschenfurcht, Eigenliebe und Opferscheu. Wenn nach der Todsünde die läßliche Sünde das größte Übel auf der Welt ist, dann sind die an sich so geringen Fehler der Heiligen doch etwas Enormes, und im Lichte Gottes sehen sie alles so groß, wie es in Wirklichkeit ist. Aber wie wertvoll sind solche Fehler, wenn an ihnen eine immer größere Liebe sich entzündet und alles Gott Mißfällige augenblicklich verzehrt, und wie beseligend ist ihre Schuld, wenn deren kleines Gewicht die Gottesliebe emporhebt!

Nach einem berühmt gewordenen Vergleich, der sich in den Schriften der heiligmäßigen Schwester Benigna Consolata Ferrero († 1916) findet, wären die Bauleute froh, wenn sie die Trümmer eines eingestürzten Hauses umwandeln könnten in Baumaterial für ein neues Gebäude; das tut der göttliche Baumeister, indem Er sogar aus den schlimmsten und furchtbarsten Sünden die Fundamente wahrer Heiligkeit macht. Wieviel mehr wird Er dann die Fehler Seiner treuen Freunde, in denen ein Nichts an Bosheit und eine Unendlichkeit an Schwachheit steckt, dazu benutzen, daß sie aus ganzer Seele, mit allen ihren Kräften, an ihnen sich aufrichten zu immer größerer Demut, Liebe und Hingabe und daraus erfahren, was Gott ist: der Heiland der Sünder.

„Es sind nicht die Fehler, welche die Seele hindern, heilig zu werden. Wenn die Seele durch sie zu Reue und Demut gebracht wird, dienen sie ihr als Himmelsleiter. Was sie in Wirklichkeit hindert, ist, wenn sie Kraft bei sich selbst sucht, wenn sie auf sich selbst vertraut, wenn sie glaubt, etwas tun zu können. Dann macht Gott es ihr handgreiflich, was sie in Wirklichkeit leistet: Versager über Versager. Wenn aber die Seele sich selbst mißtraut und Gott vertraut, dann müßte der Allmächtige fallen, daß sie straucheln kann, denn Er trägt sie in Seinen Armen. Das ganze Geheimnis der Heiligkeit liegt in diesen beiden Worten: Sich mißtrauen, Gott vertrauen. Ständig sich mißtrauen, aber nicht dabei stehen bleiben, sondern sofort sich erheben zum Vertrauen auf Gott; denn wenn Er gut ist zu allen, so ist Er besonders gut zu denen, welche auf Ihn vertrauen[1]."

---

[1] Sœur Benigna-Consolata, Religieuse de la Visitation Sainte-Marie (Come-Lombardie), d'après la vie italienne par M. le Chanoine Boccardo, Lyon 1929, I, 270.

VII.

EINSICHT UND WEISHEIT

Der Weg ist lang, durch ein wahres irdisches Fegfeuer hindurch, bis die Seele nicht nur in ihrem Oberbewußtsein, sondern hinab bis in die Tiefen, wo die feinen Wurzeln unserer Neigungen und Anhänglichkeiten unser ganzes Sein durchflechten, von Gott so geläutert ist, daß es für sie nur noch das eine gibt, den Rat ihres Freundes, des *dulcis hospes animae,* ihres zweiten Ich, in allem getreulich zu befolgen. Es werden Jahre vergehen, bis dieses vom Heiligen Geiste und Seinem Rat Geführtwerden auch nur einigermaßen verwirklicht ist. Aber hier eröffnet sich uns wenigstens noch das Verständnis für Dinge, von denen wir spüren, daß Gott uns dahin bringen will. So sehr sich nun bei einer immer vollkommeneren Folgsamkeit dem Heiligen Geist gegenüber auch die höchsten Gaben der Einsicht und der Weisheit auswirken, so ist doch das Beherrschtsein von diesen beiden letzten Gaben die Fülle des Altersmaßes der Gnade Christi und das Höhenleben wirklicher Heiligkeit. Es ist das die Krönung eines Lebens in größter Folgsamkeit gegen den Heiligen Geist. Gegen Ende des noch von der Gabe des Rates beherrschten Lebensabschnittes wird die Erleuchtung über Gott, Seine Unendlichkeit, Seine unendlichen und unermeßlichen Eigenschaften immer eindringlicher. Solche Eindrücke göttlicher Erkenntnis durchdringen die Seele, versetzen die Gott immer mehr gleichgesinnte Seele in solche Schwingungen, daß der irdische Mensch es nicht aushalten kann, so fühlt sich die Seele hingerissen zu Gott. Der Mensch kommt in große Lebensgefahr, in schwere Krankheit, weil er sehnlichst wünscht, aufgelöst zu werden und bei Christus zu sein. In dieser Not greift dann Gott ein, und wandelt seine Gebrechlichkeit um. Dann ist die Seele eingetaucht in immer neue Ozeane göttlicher Erkenntnisse, welche sie beseligen; die Freude und der Friede sind vollkommen — und das zugleich im Leiden —, nichts vermag ihr ständiges in Gottversenktsein zu stören, weder das Fleisch, noch die Welt, noch der Teufel. Und zugleich vermag sie allen äußeren Beschäftigungen nachzugehen, viel besser als früher in den aktivsten Epochen ihres Lebens.

Wir wollen diesen Gipfel ins Auge fassen, aber ihn in unseren Gedanken nicht besteigen. Wir wollen nur dieses ganz klar sehen: Dorthin müssen wir kommen! Diese Läuterung, daß Gott in alles durchdringender Weise in uns alles geworden ist, daß keine irdische, selbstsüchtige Gefälligkeit und Neigung in uns zurückbleibt, ist die Voraussetzung der Teilnahme an der ewigen Glückseligkeit. Entweder lassen wir uns diese Läuterung hier auf Erden zuteil werden in einem sehr verdienstvollen, heroischen, für die Rettung der Seelen außerordentlich segensreichen Leben, oder aber im Fegfeuer, dort aber ohne Verdienst, ohne die Möglichkeit, eine tiefere Anteilnahme an Gottes eigenem Leben zu verdienen, und ohne die Möglichkeit, für die Rettung der Seelen etwas tun zu können.

Die Gaben des Verstandes und der Weisheit sollen hier nicht in ihrer Fülle und Mittagshöhe betrachtet werden, sondern wir wollen, beide zusammenfassend, zu verstehen suchen, wie sie auf dem Wege, den wir bis hierhin durchschritten haben, mit uns gegangen sind, ja, wie sie überhaupt das Mittel sind, um die Seele unter eine immer vollkommenere Herrschaft des Heiligen Geistes in der Gabe des Rates zu bringen. Die Gabe der Wissenschaft schenkt uns das tiefe Erfahren dessen, was die geschaffenen Dinge für den gefallenen Menschen sind, und führt uns hin zu Christus, dem Weg. Die Gabe des Rates vervollkommnet dieses allgemeine Durchdrungensein, indem sie in all den tausend Einzelfällen und Fragen des Lebens uns das im Augenblick für uns Beste eingibt. Die Gabe des Verstandes erfüllt uns mit immer tieferer Einsicht in die Glaubensgeheimnisse, läßt Gott immer größer vor unserer Seele erstehen.

In den langen Jahren der Läuterung gab es immer wieder Lichtblicke, wenn Gott die dichte, finstere Wolkendecke zerriß, dem Wind und den Wogen gebot und Seinen wundersamen Frieden schenkte. In diesen wechselnden Zeiten von Seelenglück und von Versuchungen und Kreuz und Leid gewann die Seele ein neues tieferes Verständnis für Gott und die Welt Gottes, für Seine großen Heilsgedanken, Seine Heilspläne, Seine Heilsmittel, das Gebet, die heiligen Sakramente, das heilige Meßopfer. Die schönste Einsicht, welche sie der Gabe des Verstandes verdankt, hat sie gewonnen in ihren schlimmsten Kämpfen und Zweifeln. Was sie nämlich am meisten gequält hatte, war diese Frage: Komme ich denn überhaupt noch für Gott in Frage? Meine ernsten Sünden, mein Versagen in wichtigen Augenblicken, meine dauernde Untreue, schließen die das nicht einfach aus, daß Gott Sich mit mir noch abgeben will und mir Seine persönliche Liebe zuwenden will? Die Seele macht die köstliche Erfahrung, daß die persönlichste Nähe Gottes, dieses Hingezogen-, Erfülltsein von Ihm in keiner Weise ihr selbst zu verdanken ist, weil sie etwa nie gesündigt habe, nein, nur einzig dem liebenden Erbarmen und der Herablassung Gottes Selbst. Die Seele erkannte: Der Grund unserer Hoffnung ist nicht etwas in uns oder an uns, das uns Gott empfehlen könnte, sondern allein die Liebe Gottes, die sich unser erbarmt, wenn wir gesündigt haben, und die sich unser erbarmen muß, wenn wir nicht gesündigt haben. Nicht die Unschuld unseres Lebens, nicht die Glut unserer Gebete, noch die Menge unserer Opfer kann uns die Nähe Gottes schenken. Nichts von uns kann uns Gott schenken.

Aber Gott will Sich uns schenken! Dieses beglückende Innewerden der Liebe Gottes, das Erfahren Gottes, so wie Er wirklich ist, nämlich Liebe, war schon eine Wirkung der letzten und höchsten Gabe des Heiligen Geistes, der Weisheit. Die Gabe der Weisheit wirkt auf unseren Willen, auf unsere Liebe. Dadurch, daß Er die Liebe in uns entzündet, erfahren wir Gott. Solche Gotteserfahrung ist das Höchste, dessen unser übernatürliches Erkenntnisvermögen, der Glaube, fähig ist. Auf Erden ist dieses Erkennen ein dunkles, allgemeines, nicht klares. Im Himmel geht es in die klare Anschauung des göttlichen Wesens über. Prinzip dieser auskostenden Erkenntnis Gottes, das, worin diese Erkenntnis gegeben ist, auf Erden wie im Himmel, ist die von Gott verursachte Liebe.

Die von Gott verursachte Liebe ist Ganzhingabe an Ihn. „Will die Seele, daß Gott sich ihr ganz hingebe, so muß sie alles opfern, ohne etwas für sich zurückzubehalten“ (Johannes vom Kreuz). Die Gabe der Weisheit bewirkte in uns dieses stille, friedvolle, innige Hingegebensein an Gott, dieses stille sich Ihm Nahewissen, in Ihm sich Geborgenfühlen, das sich zu Ihm Hingezogenfühlen, das schlichte Beigottsein mit dem Herzen, ohne große Worte, ohne große Gedanken. Dieses zu Gott sich Hingezogenfühlen kündigte sich schon leise und zart an, als die Seele, unter dem Einfluß der heiligen Gottesfurcht, ihre Fesseln abstreifte und endlich für Gott frei wurde. Es war schon ganz deutlich bei der Gabe der Gottseligkeit, wo die Seele, in dem strahlenden Frühling ihrer Gottesliebe, sich so wacker um die Wissenschaft der Heiligen bemühte und lernte, die Dinge danach zu beurteilen, ob sie für die Ewigkeit nützlich wären. Vor allem aber, durch ihre Schwierigkeiten, Versuchungen, Kämpfe wäre die Seele nicht so hindurchgegangen, wenn sie nicht in diesem Beten ohne große Worte, ohne große Gedanken, in diesem stillen, liebenden mit dem Herzen Beigottsein, Mut und Kraft gefunden hätte. Mittels solchen Betens führt der Heilige Geist die folgsame Seele durch die Wüste in das Gelobte Land des Besitzes Gottes.

Die Seele erlebt es, daß Gott unaussprechlich größer ist, als wir denken können; daß die größten und schönsten Gedanken über Ihn das Stammeln eines Unmündigen sind. Die Seele gibt infolgedessen auch den Versuch auf, Gott, der über alle Gedanken und Ideen hoch erhaben ist, in diesen unzulänglichen Mitteln auszudrücken und sich vorzustellen. Unser Bewußtsein ist ja auch nur die Oberfläche unseres Seelenlebens; unter dieser Oberfläche gibt es Tiefen des Unbewußten. Und die ganze Läuterungsarbeit Gottes an der Seele hat gar keinen anderen Zweck, als die Seele in eine immer größere Übereinstimmung mit ihm zu bringen bis hinab in die Tiefen des Unterbewußten und des Unbewußten. Je stärker unter dem erleuchtenden Wirken der Gabe des Verstandes die Seele hell wird, je völliger die Übereinstimmung in allem mit Gott ist, desto größer wird, wenn man so sagen soll, die Sympathie mit dem Göttlichen. Gott ordnet in der Seele die Liebe. Die Seele in sich, nicht bloß in ihren Vermögen des Verstandes, Gemütes, Willens, wird ganz und gar von Ihm und auf Ihn ausgerichtet, und die Seele empfindet dieses auf Gott Ausgerichtetsein als eine Wirkung Gottes, und in einer unaussprechlichen Freude kostet die Seele Gott in Seinem Wirken. So wird Gott in einer unaussprechlichen Weise erkannt aus Seinen Wirkungen in der Seele, aus dem Frieden und der Freude, die sie schenken. Dieses Erkennen Gottes aus Seinen unmittelbaren Wirkungen in der Ihm gleichgestimmten Seele, das Auskosten Gottes in beseligender Liebe, in einem Frieden, der alle Begriffe übersteigt, ist das Geschenk der höchsten Gabe, der Weisheit. Sie ist die Vollendung der Liebe, sie ist die von Gott Selbst verursachte vollkommene Übereinstimmung mit Ihm und das beseligende Innewerden dieses Gotteswirkens. Sie ist vollendete Liebe und Erkenntnis, weil in der die Seele vollendenden Liebe die Liebe Gottes selbst unmittelbar beseligend erfahren wird.

Wir haben keine unmittelbare Anschauung unserer eigenen Seele. Aus ihren Wirkungen, unseren seelischen Akten, erkennen wir die Wirklichkeit der Seele. Denn was wirkt, ist wirklich. In ähnlicher Weise hat auch die geläuterte Seele — eine Unmöglichkeit für den irdischen Menschen — keine Anschauung Gottes. Aber Gott wirkt in der Seele und in diesem Seinem Wirken kann die begnadete Seele die Wirklichkeit Gottes erfahren. In der Liebe, die Er entfacht, kostet sie Gott, der *die* Liebe ist. Der Heilige Geist berührt die Seele — daher Seine Bezeichnung im *Veni Creator* als „Finger Gottes" — und die Seele ist von Seiner Liebe entzündet.

Die Gabe der Weisheit ist es, die uns auf unserem ganzen Wege zu Gott begleitet hat, wohl kaum von uns erkannt, und sie ist das einzige Mittel, daß wir durch die Läuterungen hindurchkommen, welche die völlige Übereinstimmung der Seele mit Gott bewirken sollen. Sie ist Mittel und Ziel. Möglich, daß der Gedanke, Gott wolle uns ganz und gar haben, uns schon in der Vorbereitung auf die erste heilige Kommunion gekommen ist, daß in unserer Jugend der geistliche Beruf uns diese Ganzhingabe einzuschließen schien, später dann leider nicht mehr, und daß wir aus Mangel an Hingegebenheit an Gott vielleicht sogar in schwere Sünden gefallen sind, daß, als wir dann wieder auf die Beine gekommen waren, während der Vorbereitung auf ihn und später wieder, manchmal kaum, zu Zeiten doch sehr deutlich, Gott diese Hingabe auch der letzten Bindungen zu verlangen schien — wir pflegten dann aber zu sagen: Etwas muß der Mensch ja auch für sich behalten, man muß ja auch Mensch bleiben und Maß halten. Die goldene Mitte wurde uns vor Augen gestellt von sonst ganz frommen und achtenswerten Priestern, und wir schützten gern damit unsere feige Mittelmäßigkeit. Möglich auch, daß gerade jetzt diese Frage mit besonderer Heftigkeit drängt und quält. In diesem letzteren Falle wäre es ratsam, bei der nächsten Beichte zu sagen: „Seit soviel Jahren fühle ich, daß Gott von mir will, daß ich dieses aufgebe. Ich habe es ihm noch nicht gegeben.“ Dann wird diese Lebensfrage aus aller subjektiven Aufgewühltheit, aus der Zone der Versuchung und des Versuchers heraus in den objektiven Bereich der sakramentalen Ruhe gestellt.

Das, was uns durch alle Trostlosigkeit unserer armseligen Natur, durch alle Versuchungen und Verzweiflungen unseres wunden Herzens hindurchbringen will, das ist die Gabe der Weisheit. Gott schafft in uns diese Vakuen, um sie mit Seiner

Gegenwart auszufüllen. Er senkt uns ins Herz diesen liebenden Zug zu Ihm, dieses inbrünstige mehr Lieben als Erkennen, dieses zu Ihm sich Hingezogenfühlen, das um so lieblicher, eindringender, lebendiger, die Seele fördernder wird, je ungehinderter wir uns Ihm hingeben. Gott ist unaussprechlich größer als alles, was wir von Ihm denken können. Darum bemühen wir uns auch nicht, große Gedanken über Ihn uns vor die Seele zu stellen, sondern Gott will dann nur dieses unsäglich Große, viel Größere, daß wir in Liebe und Hingabe mit unserm Herzen bei Ihm sind, daß wir uns bemühen, die Sammlung, die Er uns schenkt, zu bewahren, und die Seele allmählich in eine immer größere Übereinstimmung mit Ihm bringen lassen und in ihr die unendliche Größe unseres Gottes und Seine Liebe kosten. „Kostet und sehet, wie süß der Herr ist“ (Ps 33, 9)!

VIII.

DER ÜBERGANG ZUR BESCHAUUNG

Wenn wir nun noch einmal unsern geistlichen Lebensweg in Gedanken durchmessen, angefangen mit den ersten Regungen, die uns dahin zogen, uns ganz Gott zu schenken, ohne für uns irgend etwas zurückbehalten zu wollen, bis dahin, wo wir erkennen, daß dieses unsere Lebensfrage ist, und sie uns in einem Maße beschäftigt, daß wir einfach nicht von ihr loskommen (so gern wir es vielleicht sogar möchten), so erleben wir es, daß dieser Kampf um das Ganze, um das „Nimm hin, o Herr, meine ganze Freiheit“ . . . und das „Gib mir Seelen, Herr, das andere nimm“, ein ganz neues Gesicht bekommen hat. Die Frage, welche jetzt im Brennpunkt der Seelenkämpfe steht, ist diese: Was garantiert mir, daß diese Lehre objektive Wahrheit ist? Daß es nicht bloß subjektive Deutungen von gewissen psychologischen Vorgängen sind, die, weil sie nun zufällig meine gegenwärtige oder frühere Situation richtig wiedergeben, die furchtbare Gefahr heraufbeschwören, daß ich mich verführen oder täuschen lasse, daß ich aus der zufälligen Richtigkeit der Beobachtung bei mir selbst ein Gesetz und ein Verhalten ableite, die mich den allergrößten Gefahren und Selbsttäuschungen ausliefern und am Ende gar um das ewige Leben bringen können? Insbesondere kann ich mich damit nicht zurechtfinden, daß das einfache Sichüberlassen an Gott, das liebevolle und friedvolle Aufmerken auf Gott, das schlichte sich Ihm Nahewissen in einem Gesammeltbleiben ohne besondere Gedanken bei vielleicht frei umherschweifender Phantasie Gebet sein soll. Diese Art zu beten soll noch dazu das einzige Mittel sein, das mich durch all meine Nöte und Schwierigkeiten, in denen ich bis zum Halse drinstecke, sicher hindurchbringen wird?

Solchen Stimmungen und sehr feinen Versuchungen gegenüber muß das Gesagte theologisch in grundsätzlicher Weise als die traditionelle Lehre der Kirche herausgestellt werden.

Das letzte Ziel des Menschen, für das er erschaffen wurde, ist die ewige Seligkeit. Diese Seligkeit besteht darin, daß Gott die ihm völlig gleichgestimmte Seele in ihrem ganzen Sein und Streben unmittelbar erfüllt und sie überströmend beseligt durch solchen Genuß Seiner Selbst. Die völlige Gleichgestimmtheit der Seele mit Gott, ihre Gottförmigkeit, ist die Voraussetzung für das Empfangenkönnen der Gottbeseligung. Wenn die Seele im Augenblicke des Todes diese Gottförmigkeit nicht besitzt, muß sie die Läuterungen des Fegefeuers

5*

durchmachen. Diese jenseitigen Läuterungen aber sind Straf- und Sühneleiden. Also ist es Schuld, wenn der von Gott gewollte Grad der Läuterung auf Erden nicht erreicht wurde. Also soll der Mensch hier auf Erden danach streben, jene Übereinstimmung mit Gott zu erwerben, daß sein Glaube nach dem Tode sofort in Schauen übergeht, seine Hoffnung sofort sich erfüllt, seine Liebe sofort in unermeßlicher Weise ersättigt wird.

Also hat jeder nicht nur das Recht, sondern sogar die Pflicht, für deren Versäumnis das Fegefeuer da ist, nach jener Vollkommenheit und Heiligkeit zu streben, daß er sofort nach dem Tode der seligen Gottanschauung teilhaftig wird. Es ist aber evident, daß die Seele im Fegfeuer zurückgehalten wird, die sich auf Erden geweigert hat, sich Gott ganz und gar, ihrem Stande und Berufe gemäß, hinzugeben. Also will Gott, daß wir uns Ihm ganz und gar hingeben, ohne Reserve, ohne etwas für uns zurückzubehalten.

Dieser so quälende Gedanke: „Wenn ich nur ganz sicher wüßte, daß Gott mich ganz haben will oder noch haben will, wenn ich es nur ganz bestimmt wüßte, daß Gott das will, dann würde ich es Ihm geben", ist also ganz klar und deutlich zu bejahen. Jawohl, Gott will es, Gott will dich. Jeder Gedanke, der dagegen anläuft, ist Versuchung. Über diesen Kardinalpunkt, daß wir heilig werden sollen, vollkommen, wie unser Vater im Himmel, daß wir die Mitmenschen lieben sollen, so wie der Herr Selbst sie geliebt hat, kann also kein Zweifel mehr bestehen.

Auch darüber dürfte kein Zweifel möglich sein: Wenn der Mensch in seiner Not um seine Seele und um die Seelen der anderen so großherzig ist und sich Gott ganz schenkt, daß dann Gott Sich von

Seinem Geschöpf an Großherzigkeit nicht übertreffen läßt. Gott bereitet der Seele dann einen Empfang, den sie sich nie hätte träumen lassen, so daß die Seele traurig darüber werden möchte, weil sie nicht weiß, was sie Gott noch schenken kann. Das Blatt hat sich nämlich gewendet. Denn bemühte sich die Seele bis dahin, Gott etwas zu geben (obwohl sie nichts gegeben hat, solange sie nicht sich selbst gegeben hat), so bemüht Sich Gott nun, der Seele zu geben. Es fängt nun die Zeit an, wo das Geben der Seele in Empfangen besteht, wo sie nichts anderes tun kann, als sich von Gott geben zu lassen.

Auch diesen zweiten hochwichtigen Punkt müssen wir theologisch verstehen. Der mit den Folgen der Erbsünde und seiner eigenen Sünden behaftete Mensch ist nicht fähig der Vereinigung mit Gott; denn diese Vereinigung — ob im Himmel oder auf Erden, das ist ganz gleich — bedeutet eine wirkliche Einswerdung, eine völlige Verähnlichung mit Gott. Aber wie verschieden ist die noch ungeläuterte Seele von Gott! Diese Gottförmigkeit können wir uns nicht geben, sie muß uns geschenkt werden; wir können sie uns nur schenken lassen, unsere Tätigkeit kann nur im Empfangen bestehen.

Empfangen aber tun wir im Beten. Bei unserm Beten wird also unsere Selbsttätigkeit zurücktreten müssen, immer mehr, allerdings nur dann und zu den Zeiten, da Gott uns dieses Gebet schenkt, bei dem wir nicht selbst tätig sind, wo wir uns mit unserem Verstande nicht bemühen, den Unendlichen in unsere kleinen Gedanken herabzuziehen, und von einem Gedanken zum anderen übergehen, sondern wo wir einfach mit unserm Herzen liebend auf Gott hingerichtet sind und in Ihm ruhen, manchmal, besonders im Anfang, mit sehr großer geistlicher Freude und Andacht, später auch da ohne, in großer seelischer Trockenheit.

Diese Art zu beten ist das Mittel, wodurch Gott uns zur Vollkommenheit führen will; durch dieses Gebet läutert Er die Seele, und führt Er sie sicher und geradewegs durch alle Seelenkämpfe und alle läuternden dunklen Nächte hin zu einem heroischen Tugendleben. Dieses Gebet, das passiv ist, weil es ein Zustand ist, der von Gott unmittelbar in der Seele bewirkt wird, nennt man Beschauung. Für die Seele ist diese Art, sich von Gott beschenken zu lassen, zunächst sehr befremdend. Es fällt ihr sehr schwer, sich zurechtzufinden und zu erkennen und sich zu überzeugen, daß sie wirklich in einem Gebetszustand sich befindet. Entweder folgt sie nämlich dem Zuge ihres Herzens, und sie ist einfach mit dem Herzen bei Gott, bei Ihm, zu dem sie sich so hingezogen fühlt. Aber dann ist sie ohne Gedanken bei Ihm, und da zugleich die Phantasie mehr oder minder umherschweift, so wirft sie sich Gedankenlosigkeit oder Zerstreuung vor. Versucht sie jetzt aber anders zu beten als Gott sie beten lassen will, so bringt sie es einfach nicht fertig, so gut sie früher betrachten konnte, so schlecht gelingt es nun, weil Gott Sich ihr jetzt auf einem anderen Wege unmittelbar, nicht mehr durch das Mittel der Gedanken, mitteilen will. Und die Seele ist jetzt erst recht trostlos, sie glaubt, Rückschritte zu machen, alles Frühere sei Täuschung gewesen usw. Geht jetzt die Seele nicht auf den einzigen, von Gott gewollten Weg, nämlich den der Beschauung, so hält die Seele ihren Zustand auf die Dauer nicht aus. Sie erkaltet und wendet sich wieder den Geschöpfen zu, um von ihnen im Genuß sich trösten zu lassen. Das Ende kann dann schrecklich sein!

Damit nun jeder, den es betrifft, genau weiß, wie er sich zu verhalten hat und ob und wann er zum beschaulichen Beten übergehen soll, und zum Beweise dafür, daß es sich bei dem Vorgetragenen nicht um persönliche Meinungen und subjektive Frömmigkeit handelt, will ich die erste theologische Autorität der Kirche in dieser Frage, den heiligen Johannes vom Kreuz, einfach zitieren. Dieser Kirchenlehrer beschreibt den Zustand der Seele, in welchem sie sich befindet, wenn sie zur Beschauung übergehen soll, als den einer läuternden Dürre. Man soll zu diesem liebenden Erkennen und Aufmerken auf Gott übergehen, wenn folgende Kennzeichen da sind, die schon Tauler angegeben hat (s. Anhang IV, S. 117):

„Erstens muß der geistliche Mensch an sich die Wahrnehmung machen, daß er mit Hilfe der Einbildungskraft nicht mehr betrachtend tätig sein kann und daß er dieser Betrachtungsweise keinen Geschmack mehr abgewinnt wie früher. Im Gegenteil, er findet in dem, was früher den Sinn festzuhalten pflegte und woraus er Erquickung schöpfte, nur mehr Trockenheit. Sollte er indes noch Erquickung darin finden und bei der Betrachtung noch nachdenken können, so dürfte er sie nicht aufgeben, außer es fände sich seine Seele in jenen Frieden und jene Ruhe versetzt, von welchem beim dritten Merkmal die Rede ist.

Zweitens muß er finden, daß er keine Lust mehr hat, die Einbildungskraft oder den Sinn auf andere, besondere Gegenstände äußerlicher oder innerer Art zu richten. Ich spreche hier nicht davon, daß die Phantasie unwillkürlich abschweift — was ja auch bei großer Sammlung vorzukommen pflegt —, sondern davon, daß die Seele keine Neigung fühlt, sich absichtlich auf andere Gegenstände zu richten.

Drittens — und dies ist das sicherste Kennzeichen — muß die Seele gewahr werden, daß sie Freude daran hat, ganz allein zu sein in liebendem Aufmerken auf Gott, ohne besondere Erwägungen anzustellen, in innerem Frieden, in erquickender Ruhe, ohne Akte und Übungen der Seelenvermögen, des Gedächtnisses, Verstandes und Willens, wenigstens ohne nachsinnende Tätigkeit, wobei man von einem Punkt auf den anderen schließt, sondern, wie gesagt, einzig in einem allgemeinen liebenden Erkennen und Aufmerken, ohne auf andere Dinge besonders zu achten."

Diese Zeichen gibt der heilige Johannes vom Kreuz in seinem „Aufstieg zum Berge Karmel" dafür an[1], daß die Seele das Nachsinnen der Betrachtung aufgeben und zum beschaulichen Beten übergehen soll. Sie werden von dem heiligen Kirchenlehrer in der „Dunklen Nacht" in anderer Reihenfolge angegeben. Das erste der „Dunklen Nacht" entspricht dem zweiten des „Aufstiegs", das zweite dem dritten, das dritte dem ersten. In der „Dunklen Nacht" werden sie in folgender Weise beschrieben[2]:

„Das erste Zeichen ist vorhanden, wenn die Seele ebenso, wie sie an göttlichen Dingen keinen Geschmack und keinen Trost findet, auch aus den Geschöpfen keinen gewinnt. Denn da Gott die Seele in diese dunkle Nacht versetzt, um das sinnliche Gelüste auszutrocknen und sie davon zu reinigen, so läßt er sie an keiner Sache mehr Gefallen und Geschmack finden. Daraus erkennt man mit ziemlicher Sicherheit, daß diese Trockenheit und dieses

[1] S. 132 der Ausgabe bei Kösel (bzw. des Theatinerverlages), zitiert nach den Auszügen bei Schamoni, Gebet und Hingabe, S. 118 (Abensberg 1983).

[2] S. 37–42 der Ausgabe von Kösel, bei Schamoni a. a. O. S. 112–116.

Mißbehagen nicht von den erst vor kurzem begangenen Sünden und Unvollkommenheiten herrühren. Wäre dies der Fall, so würde die Natur eine Neigung oder Begierde nach anderen als göttlichen Dingen in sich fühlen. Sobald man nämlich in irgendeiner Unvollkommenheit dem Gelüste die Zügel schießen läßt, fühlt man sogleich auch eine größere oder geringere Neigung zu derselben, je nach dem Maße des Wohlgefallens und der Zuneigung, die man ihr entgegenbringt. Weil aber dieser Widerwille an himmlischen und irdischen Dingen aus irgendeiner körperlichen Unpäßlichkeit oder aus melancholischer Gemütsverfassung kommen könnte, wobei man oft auch an nichts Gefallen findet, so ist auch das zweite Kennzeichen, die zweite Eigenschaft, notwendig.

Das zweite Kennzeichen und die zweite Eigenschaft, aus der man auf die genannte Reinigung schließen kann, besteht darin, daß die Seele gewöhnlich mit peinlicher Angst und Sorge an Gott denkt und glaubt, sie diene ihm nicht und es gehe rückwärts, weil sie keine Freude an göttlichen Dingen in sich wahrnimmt. Daraus ersieht man, daß dieser Widerwille und diese Trockenheit nicht im Kaltsinn und in der Lauheit ihren Grund haben; denn es ist eine Eigenschaft der Lauheit, daß sie sich nicht viel um göttliche Dinge kümmert und innerlich sich darüber keine Sorge macht. Deshalb besteht zwischen Trockenheit und Lauheit ein großer Unterschied. Die Lauheit äußert sich durch große Schlaffheit des Geistes und Trägheit des Willens, verbunden mit großer Sorglosigkeit betreffs des Dienstes Gottes; in der reinigenden Trockenheit aber ist die Seele, wie schon erwähnt, gewöhnlich in peinlicher und schmerzlicher Sorge, sie möchte Gott nicht dienen. Wenn auch diese

Trockenheit manchmal mit Melancholie oder mit einer anderen Gemütsart, wie es zuweilen geschieht, verbunden ist, so bewirkt sie deswegen die Reinigung des Gelüstens nicht in geringerem Maße; denn sie nimmt der Seele jeden sinnlichen Wohlgeschmack und richtet einzig und allein ihre Gedanken auf Gott. Ist es aber nur eine reine Gemütsstimmung, so bewirkt sie nur Widerwillen und Zerstörung der Natur und zwar ohne daß damit das Verlangen Gott zu dienen verbunden ist, das sich in der reinigenden Trockenheit immer findet; und wenn auch deswegen der sinnliche Teil infolge des geringen Genusses, den er dabei findet, ganz schlaff, träge und kraftlos zum Handeln sich fühlt, so ist doch der Geist regsam und stark.

Der Grund dieser Trockenheit ist folgender: Gott überträgt die Güter und Kräfte des sinnlichen Teiles auf den Geist, und da die Sinnlichkeit und die natürliche Kraft für diese Güter keine Empfänglichkeit haben, darum leiden sie Entbehrung, bleiben trocken und leer. Denn der sinnliche Teil des Menschen hat keine Befähigung für das, was des Geistes ist. Wenn daher der Geist Erquickung findet, fühlt das Fleisch Widerwillen und zeigt sich schlaff zum Handeln. Der Geist aber, der zur selben Zeit Nahrung empfängt, wird weit kräftiger, wachsamer und umsichtiger als vorher, um es im Dienste Gottes an nichts fehlen zu lassen. Wegen dieser plötzlichen Änderung fühlt er nicht gleich anfangs die geistige Wonne und Süßigkeit, sondern Trockenheit und Mißvergnügen, da sein Geschmack bisher an sinnliche Genüsse gewöhnt und die Augen immer darauf gerichtet waren. Gewöhnlich verschafft diese Beschauung neben jener Trockenheit und Leere, womit sie den sinnlichen Menschen erfüllt, der Seele eine Neigung und ein Verlangen nach Einsamkeit und Ruhe, ohne daß sie an etwas Bestimmtes denken könnte noch auch wollte. Würden jene Seelen, denen dies begegnet, es verstehen, sich ruhig zu verhalten, würden sie sich weder um ihre innere noch äußere Tätigkeit kümmern, noch auch besorgt und bestrebt sein, etwas zu tun, so würden sie gar bald in dieser Ruhe und in diesem Vergessen aller Dinge jene überaus köstliche innere Erquickung empfinden. Diese Erquickung ist nämlich so zart, daß sie die Seele gewöhnlich nicht fühlt, wenn sie ein übermäßiges Verlangen danach trägt oder in besonderer Weise um den Genuß derselben besorgt ist. Denn sie bringt, wie gesagt, ihre Wirkung in der Seele hervor, wenn diese sich in größter Ruhe und Selbstvergessenheit befindet. Da dieser Friede geistig und überaus köstlich ist, so ist auch sein Wirken ruhig, zart, still, befriedigend und friedevoll und von den früheren Genüssen, die mehr fühlbar und sinnlich wahrnehmbar waren, durchaus verschieden. Es ist das jener Friede, den Gott nach den Worten Davids in die Seele hineinspricht, um sie geistig zu machen (Ps 84, 9). Und darin liegt der Grund des dritten Kennzeichens.

Das dritte Kennzeichen, aus dem wir auf diese Reinigung des sinnlichen Menschen schließen können, besteht darin, daß die Seele nicht mehr betrachten und nachsinnen und trotz aller Anstrengung den inneren Sinn der Einbildungskraft nicht mehr gebrauchen kann, um ihn zur Betrachtung anzuregen. Gott teilt sich in diesem Stande der Seele nicht mehr durch die Sinne mit, wie er es vorher mittels des forschenden Nachdenkens tat, das die Erkenntnisse miteinander verband und voneinander trennte, sondern er hat jetzt begonnen, sich mittels des reinen Geistes mitzuteilen, wobei ein Aufeinanderfolgen von Gedanken nicht mehr stattfindet, nämlich mittels des Aktes der einfachen Beschauung, zu der weder die inneren noch äußeren Sinne des sinnlichen Menschen eine Befähigung haben. Daher kommt es, daß die Einbildungskraft und die Phantasie bei der Betrachtung nicht mehr als Stütze zu dienen vermögen und man sich ihrer auch nicht mehr bedienen kann."

IX.
DIE BEGINNENDE BESCHAUUNG

Der heilige Johannes vom Kreuz, d i e Autorität auf dem Gebiete der Mystik, gibt als das beste und sicherste Kennzeichen für die beginnende Beschauung an, daß die Seele gewahr werden muß, wie „sie Freude daran hat, ganz allein zu sein in liebendem Aufmerken auf Gott, ohne besondere Erwägungen anzustellen, in innerem Frieden, in erquickender Ruhe, ohne Akte und Übungen der Seelenvermögen, des Gedächtnisses, Verstandes und Willens, wenigstens ohne nachsinnende Tätigkeit, wobei man von einem Punkt auf den anderen schließt, sondern, wie gesagt, einzig in einem allgemeinen liebenden Erkennen und Aufmerken, ohne auf andere Dinge besonders zu achten."

„Die Beschauung ist nichts anderes, als ein geheimnisvolles, fried- und liebevolles Einströmen Gottes, welches, wenn man es nicht hindert, die Seele mit dem Geiste der Liebe entflammt" (Dunkle Nacht, 1. Buch, 10. Kap., Ende).

Nach dieser Beschreibung ist die beginnende Beschauung weniger ein Erkennen als ein Lieben. Dieses Lieben ist ein Innewerden Gottes, darum auch Erkennen. Aber nach dem Heiligen wird die b e g i n n e n d e Beschauung viel deutlicher als Liebe erfahren denn als Erkennen, von einem eigentlichen Schauen kann hier überhaupt nicht die Rede sein. Man darf sich also durch den Namen Beschauung, der auf den höheren Stufen zu Recht besteht oder zu Recht bestehen mag, bei den Anfängen des passiven Betens nicht verwirren lassen. Wenn das geheimnisvolle, fried- und liebevolle Einströmen Gottes in die Seele ein Schauen genannt wird, so nicht deshalb, weil es ein Sehen wäre, sondern weil dieses Einwirken Gottes auf die Seele, das „mit dem Geiste der Liebe Entflammtwerden", das von Gott Geliebtwerden und das Gott Wiederlieben, das darin sich bekundende unmittelbare (ohne das Mittel von Erwägungen usw.) Innewerden Gottes etwas so Augenscheinliches, Evidentes, etwas so unmittelbar Gewärtiges und sich selbst Bezeugendes, in sich Klares, Einsichtiges und Lichtvolles ist, daß sich Ausdrücke wie „Licht" und „Schauen" zur Verdeutlichung wie von selbst darbieten. Beschauung hat mit Visionen nichts zu tun. Es kann höchste Beschauung geben, ohne daß je Visionen, Ekstasen und andere außergewöhnliche Erscheinungen vorgekommen sind; denn die Beschauung ist eine heiligende Gnade, und Heiligkeit besteht im Heroismus der Liebe. Visionen dagegen und andere mystische Erscheinungen, welche häufig wirkliche Heiligkeit begleiten, sind Gnaden, die mehr zur Heiligung anderer gegeben werden, *gratiae gratis datae*, welche auch ein Mensch im Stande der Todsünde empfangen könnte. Während die Beschauung als große Gnade ersehnt werden darf und sogar erbetet werden sollte, ist ein Streben nach jenen mystischen Randerscheinungen verwerflich.

Johannes vom Kreuz spricht stets von der „dunklen" Beschauung, und er erklärt, die Beschauung werde deshalb eine dunkle genannt, weil sie für den, der sie habe, selbst dunkel sei, da der Verstand von ihr leer bleibe, ebenso wie die anderen inneren und äußeren Sinne. Die innern und äußern Vermögen, abgesehen etwa vom Willen, der in Liebe auf Gott gerichtet ist, aber ohne besondere Akte, bleiben unbeteiligt an dem, was in der Seele vor sich geht. Die Beschauung ist ein Akt, nicht der Vermögen der Seele, sondern jenes Grundes der Seele, aus dem die Vermögen der Seele herkommen, darum ist sie in den Vermögen und für die Vermögen nicht erfahrbar. Deshalb ist begreiflich, sowohl daß man in der beginnenden Beschauung kein Erkennen wie früher, noch ein Schauen wie später auf den höheren Stufen finden kann, als auch, daß bei einer wirklichen Beschauung Verstand und Phantasie, weil unbeteiligt, man möchte sagen, spazierengehen können, daß also Beschauung mit „unandächtigen Gedanken" zusammen sein kann. Gewöhnlich freilich wird der Verstand in Ruhe und gesammelt sein, auch der Wille ist in Ruhe, die Phantasie mag vielleicht noch umherschweifen.

„Es gibt Bezirke in unserer Seele", zitiert Bremond[1] einen Schüler Bérulles, Séguenot, „die nicht unter der Verfügung unseres Willens stehen: der Grund, das innerste Wesen der Seele. Wir wissen, was in Verstand und Wille sich begibt, was aber an *diesem* Ort geschieht, ist uns verborgen. Hier ist der Sitz der Gnade, hier wirkt sie, was in uns das Größte und Heiligste ist." „Die Wirkungen der Gnade", sagt derselbe (a. a. O. S. 100), „sind nicht wahrnehmbar; so unsere Rechtfertigung, unser Einverleibtsein in Christus, unsere Anteilnahme an Ihm und Seinen Geheimnissen. Auch die christlichen Tugenden sind es, weder der Anlage, dem Habitus, noch dem Akte nach, weder Glaube noch Liebe noch

[1] Das wesentliche Gebet, Regensburg 1936, S. 102.

Demut noch die anderen. Wir nehmen nicht wahr, wenn wir sie besitzen und können ihre Wirkung und Bewegung in uns von denen der Natur nicht unterscheiden. Die Gnade selbst, Grund und Ursprung des Gebets, ist gleichfalls unwahrnehmbar. Sie ist ein geistlicher, göttlicher Zustand, durch welchen das Geschöpf geheiligt und über sich selbst erhoben ist, nicht gemäß seinem eigenen Sein und Wesen, sondern gemäß dem Sein und Wesen Christi."

Im Getauften, im Menschen, der im Stande der heiligmachenden Gnade lebt, ist die Einigung mit Gott vollzogen, ist der tiefere Wille Gott zugewandt, geheiligt, vergöttlicht, selbst wenn der „freie Wille" noch schläft, wie beim getauften Kleinkind, oder wenn er beim Erwachsenen, in erlaubter Weise, geschaffenen Dingen aktuell zugewendet ist. Die Vereinigung unserer Seele in ihrem Grunde mit Gott soll aber nicht bloß eine objektive werden. Wenn das Alter der Vernunft gekommen ist, entfaltet sich unser übernatürliches Leben, das nach dem heiligen Franz von Sales nichts anderes ist als eine im Seelengrunde, oder wie er sich gewöhnlich ausdrückt, in der Seelenspitze verwirklichte „heilige Bereitschaft zur Einung unseres Geistes mit dem Geiste Gottes" (Bremond, a. a. O., S. 53). Heiligmachende Gnade, der Stand der Gnade, und mystischer Zustand sind objektiv, dem Wesen nach, ein und dasselbe.

„Glaube, Hoffnung und Liebe beleben alle Fähigkeiten der Seele, sowohl Vernunft wie Empfindung. Ihr Sitz aber, ihr eigentlicher Ort ist jener höchste Seelengipfel. Wie eine selige Quelle lebendigen Wassers verbreiten sie sich von hier aus in vielen Bächen und Sprudeln über die niederen Bezirke und Fähigkeiten" (Franz von Sales, bei Bremond a. a.

O., S. 52). Es ist eine metaphysische, wenn auch keine moralische Unordnung, da ja der bewußte Wille in keiner Weise an ihr beteiligt ist, wenn Erkenntnis Gefühl und Wille an dem, was im Seelengrunde vor sich geht, völlig unbeteiligt sind und in Zerstreutheit, Kälte und Widerwillen befangen sind. Der ständige Zusammenklang von Seelengrund und Seelenkräften wäre das an sich Vollkommene. Aber dann wäre die Gnade kein Kreuz mehr. Gott hält, damit auch das erlöste Glied dem gekreuzigten Haupte ähnlich wird, Seine Gnade verborgen und um so mehr verborgen, je höher die Begnadung ist, so daß der Begnadete glauben kann, sie nicht zu haben, und gerade das Glauben an das Begnadetsein verursacht die größten Kämpfe. Je vollkommener die Liebe ist, um so weniger fühlt man sie. Seelische Leiden verdecken sie dem Bewußtsein so wie die eucharistischen Gestalten die Wirklichkeit des sakramentalen Christus verhüllen. „Die heilige Liebe", sagt Franz von Sales (Bremond, a. a. O., S. 66), „kraft deren wir uns der Einigung mit dem Geiste Gottes hingeben, ist ‚fast' unwahrnehmbar." Und man versteht, wie Grou von dieser Liebe Gottes, die nicht in formellen Akten oder innigen Gefühlen besteht, sondern in einer wirksamen und beständigen Hingabe, in einem fortwährenden Hingeben des Willens in die Hände Gottes, ausrufen kann: „O herrliches Gebet, glückseliger Zustand (wobei die Seele sich wie von Gott verstoßen vorkommen mag!), wo der Geist nur mehr in einer unmittelbaren und unspürbaren Weise tätig ist! Dies ist ein Beweis, daß Gott sich seiner bemächtigt hat und daß Er ganz darüber herrschen will[1]."

[1] Vgl. Handbüchlein für innerliche Seelen, Abensberg 1983, 7. Aufl., S. 76.

Im Seelengrund selbst gibt es weder Trost noch Trostlosigkeit. Genuß und Schmerz finden sich nur in der Zone unserer inneren und äußeren Sinne, im Bereiche unseres Erkenntnis- und Strebevermögens. Das eigentliche Gebet aber, das Gebet im vollen Sinne, wo der Heilige Geist in uns betet in unaussprechlichem Wehen, ist ein Vereintsein der Seele mit dem in ihrem Grunde gegenwärtigen verborgenen Gott, ist also etwas Zuständliches, Bleibendes, nicht etwas in den Vermögen der Seele Vorübergehendes, Aktuelles, ist reine, von Selbstsucht und Genuß befreite Liebe, ist das Tätigsein dieser Liebe.

Diese Liebe selbst aber braucht dem Liebenden gar nicht bewußt zu sein. Man weiß, sagt Bremond a. a. O., S. 187, wo er die Lehre der beiden großen Dominikaner Chardon und Piny zusammenfaßt, „daß manche Seelen stundenlang, tagelang, ja selbst jahrelang den Eindruck haben, Gott verweigere Sich ihrem Rufen, daß sie nicht anders können, als des Erlösers Worte sich zu eigen zu machen: Gott, mein Gott, warum hast Du mich verlassen? Anderseits ist es unausdenkbar, daß Gott eine Seele verläßt, die nur nach Ihm verlangt. Daraus folgt, daß dieses qualvolle Bewußtsein nicht der Wirklichkeit entspricht, daß die Verlassenheit tatsächlich *nicht* besteht. Da aber manche Seelen so empfinden, da ihre sehnlich ausgestreckten Arme, ihr Verstand, ihr Gefühl ins Leere greifen, Gott für sie schweigt, muß man ihnen zugestehen, daß der wahrhaft heiligende Umgang der Seele mit Gott unserem Bewußtsein überhaupt entzogen ist, oder daß man — anders ausgedrückt — um Gott zu lieben, nicht zu fühlen braucht, daß man Ihn liebt. Damit ist die Psychologie der Mystiker bestätigt, die Unterscheidung zwischen Tätigkeit der Oberfläche und der Tiefe, nach welcher wir Freunde Gottes bleiben und wahrhaft beten — selbst in der tiefsten Finsternis des Herzens[1]."

„Du handelst ganz recht, o Seele", sagt der heilige Johannes vom Kreuz[2], „wenn du Ihn immer im Verborgenen suchst; denn dadurch ehrst du Gott gar sehr und kommst Ihm nahe, wenn du Ihn für erhabener und unergründlicher hältst als alles, was du zu fassen vermagst. Halte dich darum weder teilweise noch vollkommen bei dem auf, was für deine Seelenkräfte erreichbar ist, d. h. suche deine Befriedigung nie in dem, was du von Gott verstehst, sondern vielmehr in dem, was du von Ihm nicht verstehst. Deine Liebe und dein Ergötzen soll sich nicht auf das stützen, was du von Gott begreifst und empfindest, sondern auf das, wovon du kein

---

[1] Von hier aus versteht man gut die durch das Konzil von Trient geschützte Lehre: Wenn es auch Sünde ist, an der Barmherzigkeit Gottes, dem Verdienste Christi, an der Kraft und der Wirksamkeit der Sakramente zu zweifeln, so bleibt doch die Möglichkeit, daß man im Hinblick auf sich selbst, auf seine Schwachheit und Ungeneigtheit zum Guten, bezüglich seines Gnadenstandes die größten Befürchtungen haben könne, da niemand mit Glaubenssicherheit seiner Gnade gewiß sein kann (Denz. 802). Denn Gott, das Prinzip der Gnade, ist ein verborgener Gott, dessen Ratschlüsse uns nicht bekannt sind. Darum kann man nicht mit Notwendigkeit von der Ursache der Gnade auf sie als die Wirkung schließen. Wohl kann der Mensch aus gewissen Zeichen seinen Gnadenstand erkennen, nämlich wenn er wahrnimmt, daß er an Gott seine Freude hat, das Irdische verachtet und sich keiner schweren Schuld bewußt ist (Thomas v. A., S. Th. I a II ae, 112, 5 i. c.). Ohne Zweifel meint der Heilige mit der Freude an Gott nicht die in den Vermögen der Seele empfundenen Tröstungen, sondern den lauteren Frieden in der Tiefe des Herzens.

[2] Lebendige Liebesflamme, am Ende der Erklärung des 1. Verses der 1. Strophe.

Verständnis und keine Empfindung hast. Das heißt man, wie schon erwähnt, Ihn im Glauben suchen. Denn da Gott unerreichbar und verborgen ist, so mußt du Ihn, soviel du auch von Ihm gefunden, empfunden und erkannt zu haben vermeinst, dennoch für verborgen halten und Ihm, dem Verborgenen, im Verborgenen dienen. Handle nicht wie jene große Schar von Toren, die so gering von Gott denken, daß sie der Ansicht leben, Gott sei ihnen um so ferner und verborgener, je weniger sie von Ihm begreifen, kosten und empfinden; vielmehr entspricht das Gegenteil der Wahrheit. Je weniger genau sie Ihn wahrnehmen, desto näher sind sie Ihm."

Diese Ausführungen großer Beter über die Kontemplation können helfen, die beginnende Beschauung besser zu verstehen und es der Seele erleichtern, sich vom Heiligen Geiste in das passive Beten einführen zu lassen. (Weitere Texte s. im Anhang II u. III, S. 104 u. S. 109).

Die Seele kommt sich nämlich leicht untätig vor, wenn in ihren Kräften und Vermögen die gewohnten Bewegungen aufhören und der Mensch es noch nicht versteht, das Neue zu erkennen, was sich auf dem Grunde seiner von Gott und in Gott gesammelten Seele begibt. Daher die Frage, besonders wenn die Beschauung nicht von starken religiösen Gefühlen, von „Trost", begleitet ist: Bete ich denn überhaupt? Den Beweis, daß sie betet, kann die Seele in der Übergangszeit zum passiven Gebet sich selbst sehr leicht geben. Wenn sie sich nämlich in dem vom heiligen Johannes beschriebenen Zustand befindet, braucht sie nur einen Akt der Liebe zu Gott zu setzen, nur ein kleines Stoßgebet zu sprechen, und dieser Akt der Liebe wird so leicht, so spontan, mit solchem Elan gesetzt, daß er nur hervorkommen kann aus einem aktuellen Zustand des Liebens. Es gehen keine Motive zur Liebe voraus. Gründe für die Liebe, welche man sich vorführen würde, hätten nur die Wirkung, den Liebesakt zu hemmen. Ein so lebendiger Akt kann nur äußerlich unmotiviert sein, in Wirklichkeit kann er nur entspringen aus einer sehr starken Liebe, welche da ist, von Gott gewirkt, auch wenn sie nicht ins aktuelle Bewußtsein gelangt und darum diesem zuerst fremd ist. Aus ganzer Seele, aus ganzem Herzen kann nur dann ohne vorausgegangene Überlegung auf Kommando ein Gebet hervorbrechen, wenn eine höchst wirkliche Liebe das Innerste erfüllt.

Je höher die Beschauung ist, desto weniger stören die Vermögen das, was in der Substanz, im Grunde der Seele, in ihrem innersten Gemach (oder, wie die Mittelalterlichen auch gern sagen, in der Seelenspitze, *apex animae*, oder im Seelenfünklein, *scintilla animae*) vor sich geht. Die heilige Theresia gegebraucht folgenden Vergleich zur Veranschaulichung der Gebetsstufen: Die Seele ist ein Garten, in dem sich der Herr des Gartens, Gott, ergehen will. Der Garten muß bewässert werden. Das kann geschehen: 1. durch fleißiges Wasserschöpfen und Begießen (aktives mündliches und betrachtendes Gebet); 2. durch Bewässern mit Hilfe eines Schöpfrades (das Wasser fließt in die Bewässerungsgräben, wenn man das Rad in Bewegung setzt und dreht: beginnendes passives Gebet; die Wirkung steht in keinem Verhältnis zu der aufgewandten Mühe; das Wasser, von dem der Heiland spricht, beginnt zu fließen); 3. dieses Wasser fließt reichlicher, wenn es nicht bemessen wird durch die Leistungsfähigkeit dessen, der das Schöpfrad dreht, sondern wenn ein Kanal sein Wasser den Bewässerungsgräben mitteilt: die inneren und äußeren Vermögen der Seele sind gebunden, die Gnaden der Beschauung können sich infolgedessen von ihnen unbehindert der Seele mitteilen; der Mensch ist in diesem Zustand unfähig, irgend etwas zu tun; 4. die beste Bewässerungsart ist die von oben, durch milden fruchtbaren Regen: die gottförmig gewordene Seele ist beständig so mit Gott vereint, daß äußeres Tun, intensivste Apostolatsarbeit nicht nur nicht hinderlich sind, vielmehr von dieser höchsten Beschauung dauernd in höchstem Maße befruchtet werden.

Unser Ziel ist es, das beginnende passive Gebet zu erkennen. Der Vergleich der heiligen Theresia mit dem Schöpfrad zeigt etwas Wichtiges: Das Wasser fließt, wenn das Schöpfrad bewegt wird. Alles Tun des Menschen ist also nicht ausgeschaltet bei der beginnenden Beschauung. Und gerade das Inschwungsetzen des Rades verlangt eine Anstrengung. Ist diese Anstrengung gemacht — man hat sich gesammelt durch religiöse Akte, fromme Lesung, man hat die anfängliche Schwierigkeit, nämlich das Opfer, welches das Beten kostet, überwunden — so ist die Seele bald in der Weise gesammelt, wie der heilige Johannes vom Kreuz dieses liebende und freudige Aufmerksamsein auf Gott beschreibt, und es bedarf dann nur noch einer kleinen Mühe, um die Sammlung zu bewahren, den Zustand des Liebens zu verlängern, so wie, wenn das Schöpfrad erst einmal sich bewegt, nur wenig Anstrengung nötig ist, um es in Gang zu halten.

Man könnte auch so sagen: Um das Feuer der Beschauung weiter glühen zu lassen, muß man immer wieder Holz nachschieben. Das Nachlegen des Brennstoffes wäre unsere Tätigkeit, das Verbrennen

Sache des Heiligen Geistes. Die Wirkung wäre die herzliche Wärme eines ganz gottinnigen, innerlich gesammelten Lebens. Diese beständige Sammlung ist nur zu erhalten durch beständige Opfer, innere und äußere. Opferbringen ist die Tätigkeit des Beschaulichen, ist sein Beitrag zum passiven Gebet. Diese Opfer sind bei dem Anfänger mehr gröberer Art — Abtötung der Sinne —, später, wenn die Abtötung der Sinne gewissermaßen zur zweiten Natur geworden ist, mehr Abtötung des Geistes in der dunklen Nacht des Geistes mit ihren eigentümlichen seelischen Leiden.

Opfer sind *condicio sine qua non* des beschaulichen Gebetes. Opfer werden aber nicht bloß im beschaulichen, sondern auch im tätigen Leben gebracht. Weil das Leben ein aktives ist, wird das Gebet deshalb nicht auch aktiv sein müssen. Umgekehrt, ein Apostolat, welches nur Gott und das Heil der Seelen sucht, kann nur aus einer ganz innigen, von Gott gewirkten, passiven Vereinigung der Seele mit Gott seine Fruchtbarkeit bekommen. Die Wirkung dieser passiven innigen Vereinigung mit Gott ist bei dem Beschaulichen der einfache Akt der Beschauung, beim Aktiven die Vielheit seiner Tätigkeit. Wenn der Tätige durch seine Aufgaben nicht mehr in Anspruch genommen wird, sammelt er sich nach innen, und dann ist auch äußerlich kein Unterschied mehr zum Gebet des Beschaulichen.

Es ist bemerkenswert, daß gewöhnlich eine Anstrengung, Überwindung, ein Opfer die Voraussetzung dafür ist, daß Gott, wenn Er will und solange Er es will, dieses liebende Aufmerken und liebende sich zu Ihm Hingezogenfühlen, in Ruhe und Frieden, ohne Akte und Übungen der Vermögen, also die Beschauung, schenkt. Ist dann die

Seele übernatürlich gesammelt oder in dem Gebet der Ruhe — Gebet der Ruhe, weil gewöhnlich in ihm die Vermögen der Seele zur Ruhe gebracht, in Gott gesammelt sind und schweigen —, so fällt es ihr gar nicht schwer, das Wenige zu tun, um die innere Sammlung zu bewahren, so lange es Gott gefällt, ihr sie zu schenken. Der einfache Akt der Beschauung ist da, wenn Gott ihn wirkt und so lange Er ihn wirkt. Er klingt und schwingt häufig zwar in der Seele nach und wirkt sich besonders im Streben nach Vollkommenheit aus. Aber er ist kein Objekt, mit dem sich der Verstand nach Belieben beschäftigen oder welches das Gedächtnis, weil es an ihm unbeteiligt ist, nach Belieben wieder hervorholen und sich vorstellen könnte. Dieser einfache Akt ist für das Gedächtnis nicht vorstellbar, nicht greifbar, für das Verständnis nicht an sich begreifbar. So versteht man, daß die Beschauung, wenn sie da ist, gern festgehalten wird. Wenn sie nicht da ist, ist sie der Seele so fern und fremd, ohne Anziehungskraft, daß Güter wesentlich niedriger Ordnung gern vorgezogen werden möchten, daß es also einer Anstrengung, eines Opfers bedarf, um das Wasser, von dem der Heiland spricht, wieder fließen zu lassen, und das Sublimste zu tun, dessen ein Mensch auf Erden fähig ist. Man versteht ferner, daß Zeiten kommen können — Johannes vom Kreuz nennt sie dunkle Nacht —, in welchen jegliche Erinnerung an das, was einmal in der Seele gewesen ist und was Gott ihr gewesen ist, wie ausgelöscht erscheint. Für die Seele ist dieser Zustand ein wahres Fegefeuer. Sie ist trostlos, weil das, was in ihrem Grunde geschieht, nicht auf ihre Vermögen zurückwirkt, sie glaubt infolgedessen, sich über ihr Gebetsleben getäuscht zu haben, den Beichtvater über ihren Seelenzustand in die Irre geführt zu haben, sie kann sich an keine Gnaden mehr erinnern, ist versucht zu Mutlosigkeit und Verzweiflung: All das wäre, wenn die Beschauung nicht im Grunde der Seele, sondern in den Vermögen ihr Wesen hätte, nicht nur ein psychologisches, sondern auch ein theologisches Rätsel.

Wenn der heilige Ignatius Menschen fand, bei denen er feststellte, daß die Gnade in ihrer Seele anfing zu arbeiten, dann suchte er sie in seine Exerzitien zu nehmen. Er trug ihnen da die Wahrheiten vor, die sie von der Sünde ein für allemal entfernen und zu Christus, dem Weg, hinführen sollten, so daß sie am Ende gern und willig ihr *Suscipe* sprachen: Nimm hin, o Herr, meinen g a n z e n Willen, meine g a n z e Freiheit, a l l e s, was ich bin und habe. Suarez erklärt die Absicht, die den heiligen Ignatius bei der Niederschrift seines Exerzitienbüchleins beseelte: „Er führt uns an die Schwelle des Beschauungsweges und überläßt das übrige der Leitung des Heiligen Geistes; deshalb hat er so wenig von der Vereinigung mit Gott gesprochen und von dem ganz einfachen Akt der Beschauung" (De Religione, tr. X, l. IX, c. VI).

Danach würde der ganze Weg bis zur Ganzhingabe nach dem alten Sprachgebrauch die Via purgativa sein. Die Via illuminativa würde mit der Ganzhingabe beginnen oder richtiger mit den Kämpfen um diese Ganzhingabe. Die Beschauung, welche die für die Via illuminativa charakteristische Gebetsweise ist, würde die immer folgsamere Seele zur Vereinigung mit Gott bringen, welche das wahre Vorspiel der ewigen Seligkeit ist, auf die Via unitiva, von wo die Seele ohne Fegfeuer zur Gottanschauung gelangt[1].

---

[1] Theologisch sehr gute Ausführungen über die entscheidende Wendung, welche die Ganzhingabe darstellt,

Nach dieser Auffassung ist die Ganzhingabe der Ausgangspunkt für das eigentliche Gnadenleben. Alles, was vorher ist, dient dazu, den Menschen erst unter die Herrschaft der Gnade zu bringen. Das Mittel des Fortschrittes ist die Beschauung, welche zu einem immer tieferen Beherrschtwerden vom Heiligen Geist und schließlich zur Vereinigung mit Gott führt, wenn auch faktisch in der Regel noch nicht auf Erden, so doch an sich, eben weil in der Natur der Gnade liegend und diese vollendend, auch hier schon. Nach dieser Auffassung ist also die Beschauungsgnade etwas, das jede innerliche, opferbereite und abgetötete Seele, die in nichts mehr sich selbst suchen will und darauf verzichtet, mit innerer Anteilnahme in den geschaffenen Dingen zu ruhen und ihnen genießend sich hinzugeben, erstreben soll als das Mittel zur Vereinigung mit Gott.

Diese Auffassung, daß die Beschauung, weil das Mittel zur Vereinigung mit Gott, erstrebt und erbetet werden soll, stützt sich darauf, daß man bis ins 16. und 17. Jahrhundert hinein die via purgativa, illuminativa, unitiva in keinem anderen als in diesem Sinne verstanden hat, daß sie praktisch gelehrt wurde von der ganzen katholischen Mystik, von den Kirchenvätern, von den großen kanonisierten Mystikern Thomas, Bonaventura, der deutschen mittelalterlichen Mystik, Theresia von Jesus und

---

die wegen der durch sie herbeigeführten Änderung die zweite Bekehrung genannt wird, jedoch in ihrer Bedeutung oft unterschätzt wird und deswegen auch nicht genügend vor die Augen hingestellt und auch darum so wenig erstrebt wird, finden sich in den Ausführungen von Henri Bremond, „Die zweite Bekehrung nach Lallemant" (im Anhang des Handbüchleins für innerliche Seelen von Grou, S. 234–48, Abensberg 1983).

Johannes vom Kreuz, der französischen Mystik bis zu den jüngsten kanonisierten Heiligen wie Theresia vom Kinde Jesu, so daß diese Lehre wirklich als die traditionelle Auffassung zu gelten hat. Ihr gegenüber kam im 16. Jahrhundert als extreme Reaktion gegen den Mystizismus der spanischen Illuminaten die Meinung auf, welche dann im Kampf gegen den Quietismus weit verbreitet wurde, die Beschauungsgnade sei ein ebenso außerordentliches Geschenk Gottes wie Visionen und Prophezeiungen, dürfe infolgedessen auch nicht erstrebt werden. Die Seelen seien anzuhalten auf dem sicheren, gefahrlosen Weg der Betrachtung zu gehen, sie dürften nicht nach solchen hohen Dingen streben. Die Beschauung sei für wahre Heiligkeit ebensowenig nütze wie Visionen, Ekstasen und ähnliche ungewöhnliche Zustände, durch welche ja die Seele an sich tatsächlich nicht mit einer größeren Liebe zu Gott erfüllt wird, also nicht heiliger wird, wogegen nach der traditionellen Auffassung die Beschauung, aus der Gabe der Weisheit hervorgehend, die Vollendung der göttlichen Tugend der Liebe zum Ziel und Gegenstand hat.

Die durch die Gabe des Heiligen Geistes zur Vollendung gebrachte und zur Lebensnorm gewordene göttliche Tugend der Liebe ist jene vollendete Heiligkeit, die für die Kanonisation eines Dieners Gottes verlangt wird. Weil die Beschauung etwas rein Inneres ist, kann sie *in foro judiciali* nicht festgestellt werden. Sie muß infolgedessen für das Verfahren der Heiligsprechung ausscheiden. Was in diesem Beweisgang allein nachgewiesen werden kann und muß, sind die Auswirkungen der inneren Heiligkeit in einem heroischen Tugendleben. Weil im Kanonisationsverfahren nur nach dem Heroismus der Tugenden gefragt wird, muß man sich hüten, diesen Fehlschluß zu ziehen: Also gibt es vollendete Heiligkeit ohne passives, mystisches Gebet.

Einige Theologen stützen sich auf das Exerzitienbüchlein des heiligen Ignatius und fanden in dem dort erstrebten Ziele, dem *Suscipe*, nicht, wie die anderen, den Ausgangspunkt, von wo sich nun die Gabe der Beschauung frei entfalten und auswirken kann, sondern eine Endstellung, die ausgebaut werden sollte, im ganzen Leben befestigt und vertieft werden müsse und das mit den Methoden, die in dem Büchlein angegeben werden, also mit dem Mittel der Betrachtung. Zahllose Menschen sind, sagen die Verfechter der traditionellen Lehre, zu einer wirklichen Herzensvereinigung mit Gott, zu einem Wandel in der Gegenwart Gottes und zu einem wirklichen beschaulichen Beten gelangt, ohne daß sie es wußten, und dies, obwohl man ihnen erklärte, ihr Gebetszustand sei ein erworbener, sei die Frucht ihrer Gebete und Opfer. Und so sprach man denn von einer erworbenen Beschauung. Wahr ist ja, daß der Mensch die Gnade der Beschauung nur erhält, wenn er sich ganz ernsthaft um Heiligkeit bemüht. Aber all seine Bemühungen sind nicht Ursache der Beschauung, sondern Bedingung, Voraussetzung. Die Gnade der Beschauung ist ein *meritum de congruo*, nicht *de condigno*, etwas, was dem Menschen, der tut, was er kann, nicht abgeschlagen wird, ihm gegeben wird, aber nicht gegeben werden muß.

Man könnte nun meinen, wenn eine innerliche, demütige, großherzige, opferbereite Seele, ohne es zu wissen, doch die von Gott geschenkte eingegossene mystische Beschauung hat, obwohl sie und ihr Seelenführer glauben, ihr gottinniges Leben verdanke sie ihrer eigenen Aktivität, dann sei es ein

Streit um Worte, ob man die Gebetshaltung als aktiv oder passiv, als erworben oder eingegossen, als aszetisch oder mystisch bezeichne. Die Sache sei ja dieselbe, auf das Wort Beschauung komme es nicht an.

Die Folgerungen jedoch, die sich daraus ergeben, ob man dieses Gebet als Geschenk Gottes betrachtet oder als etwas, das man aus sich hervorbringen kann, sind außerordentlich wichtig und weittragend. Wenn man überzeugt ist, daß es sich um die eingegossene Beschauung handelt, dann betrachtet man sie als eine ganz große Gnade, welche nach allen Kräften gepflegt werden muß, und nicht als eine selbstverständliche Krönung seines Innenlebens. Sobald man sich ihrer bewußt wird, weiß man: Gott will jetzt mit dir sprechen (natürlich nicht mit Worten!). Wenn ich auf dem Standpunkt der erworbenen Beschauung stehe, dann bin ich der Meinung, daß *ich* in diesem Hingegebensein mit Gott spreche, daß ich also jederzeit abbrechen kann. Der eine wird, wenn er dieses liebende Aufmerken auf Gott nicht hat, darum beten, daß er es wiederbekommt. Der andere wird darum ringen und nicht verstehen können, warum er es einmal hat, dann wieder nicht, und er wird wahrscheinlich bei sich eine Schuld suchen, wo keine Schuld ist. Der eine wird sich leicht Gott überlassen und von Ihm von Stufe zu Stufe weitergeführt werden können in größter Folgsamkeit, der andere wird sich sträuben, von Gott in das Dunkel geführt zu werden; er wird nicht verstehen, was mit ihm geschieht, und darum wird er leicht Widerstand leisten.

Das Bußsakrament wirkt als *opus operatum* bei rechter Disposition des Empfängers. Es ist aber in eminentem Maße auch ein Werk des Spenders. Welche Freude, wenn man helfen kann, eine Seele zu fördern und Gott näher zu bringen! Welcher Jammer aber auch und welche Verantwortung, wenn man führen soll und den Weg nicht weiß, und die anvertrauten Seelen Rückschritte machen. Und welches Kreuz ist ein Beichtvater, der eine innerliche Seele, die mit jeder Faser ihres Herzens nach Gott verlangt und Gott jeden leisen Wunsch erfüllen will, anstatt voranzubringen, immer wieder auf die Wege der Betrachtung zurückstößt, wo sie gar nichts gewinnt und von der Versuchung gequält wird, alles sei verloren und sie sei verloren, weil sie nicht mehr beten kann.

Der Sinn der Betrachtung ist doch dieser, daß Wahrheiten unseres heiligen Glaubens zu Motiven werden, welche den Willen bewegen sollen, Gott das zu geben, was Er haben will. Dadurch soll die Seele zu einer liebenden Willensvereinigung mit Gott geführt werden. Wenn eine Seele Gott wirklich alles gegeben hat, wozu sie unter ihren inneren Verhältnissen und Umständen, bei ihrem Stande und bei ihrem Aufgaben fähig ist, dann wird sie in einer mehr oder weniger ständigen liebenden Willensvereinigung mit Gott sein. Sobald Pflicht ihre Aufmerksamkeit nicht in Anspruch nimmt und sie Zeit zum Beten hat, wird sie sich nach innen sammeln und auf Gott aufmerksam sein. Betrachten würde für sie bedeuten, von ihrem Ziele, bei dem sie bereits ist, von dem Lieben des großen, ihr so nahen Gottes sich zu lösen, um sich mit den Mitteln zum Ziele zu beschäftigen. Das ist natürlich eine Tortur für die wahrhaft gottliebende Seele. Wenn das Ziel erreicht ist, wird das Mittel nicht nur überflüssig, sondern schädlich. Selbstverständlich soll die Seele betrachten, wenn sie sich nicht in jenem allgemeinen liebenden Erkennen und Aufmerken auf Gott befindet, sie soll dann betrachten, wenn sie kann. Es kann nämlich sein, daß sie auch nicht betrachten, sondern nur in Geduld leiden kann. Andererseits wäre es arge Selbsttäuschung, wenn die Seele ungerufen, ohne den stillen Zug zum liebenden, gesammelten mit dem Herzen Beigottsein, also ohne am Ziele zu sein, das Mittel der Betrachtung aufgeben würde.

Wenn ich weiß, daß die Kontemplation das einzige Mittel für heroische Haltung ist, und es ist klar, daß Gott solchen Heroismus verlangt — Gott spricht zu uns durch die Verhältnisse, etwa schmerzliche, langwierige Krankheiten — dann weiß ich, daß Gott auch das Mittel dazu will und also gibt. Also werde ich, wo es möglich ist, das passive Gebet fördern. Die Seelenführung bemüht sich dann, die Seele ganz unter die Führung Gottes zu bringen und sucht deren Hindernisse zu erkennen und zu beseitigen. Oder ganz konkrete seelsorgerische Situationen verlangen priesterlichen Heroismus — etwa Pfarrei Ars. Das Mittel, ihn zu erlangen, ist die Kontemplation.

Die Kontemplation braucht dem Betreffenden gar nicht bewußt zu sein und kann doch in hohem Grade da sein. Wenn einer in allen Notleidenden, Kranken, Kindern Christus den Herrn sieht und in eifrigstem Apostolat sie bedient, in unermüdlichem Eifer und in größter Geduld, auf keinerlei Weise sich selbst suchend, sondern in jedem den Herrn findend, dann ist das die Frucht einer hohen Beschauung. Es ist Tugend, wenn einer nach Gerechtigkeit verlangt, nach Wiedergutmachung und Sühneleistung für eigene und fremde Sünden. Wenn aber einer Hunger und Durst hat nach Gerechtigkeit und Sühne, dann ist das Gabe des Heiligen Geistes. Unter Hunger verstehen wir im Natürlichen, daß einer an nichts anderes denkt als immer ans Essen; ohne daß man es will, erinnert einen alles daran, und man ertappt sich immer wieder bei dem Gedanken daran, und man träumt davon. Wenn einen der Hunger und Durst nach Sühne erfüllt, wie wird da das ganze Tagewerk beflügelt! Wie wichtig ist es, daß der Beichtvater bei allem religiösen Heroismus die kontemplative Triebfeder erkennt und dafür sorgt, daß sie immer freier sich auswirken kann!

Ein hervorragendes Mittel, in der Seele das Verlangen nach Gott und die Wertschätzung Seiner Gabe in dem Wirken des Heiligen Geistes sowie die Selbsterkenntnis zu nähren, ist die fleißige Beschäftigung mit Büchern, welche die Fragen, die hier besprochen wurden, ausführlich behandeln. Über die theologisch-wissenschaftlichen Probleme wird man sich sehr gut bei Garrigou-Lagrange, Mystik und christliche Vollendung und bei Bremond, Das wesentliche Gebet, unterrichten. Zur geistlichen Belehrung und Lesung seien empfohlen: Tauler, Thomas von Kempen; die Jesuiten Lallemant, Surin, Caussade, Grou (sein „Handbüchlein für innerliche Seelen“ ist ein unschätzbarer Ratgeber in allen schwierigen Fragen), Considine; der heilige Franz von Sales, Über die Gottesliebe; Posselt, Die siebenfache Gabe; Hieronymus Jaegen, Der Kampf um das höchste Gut, und sein anderes Buch, das die Mystik behandelt. Man wird ferner viel Anregung finden in guten Heiligenleben und in Briefen und Aussprüchen von Heiligen, wie Wüstenväter, Franz Xaver, Pfarrer von Ars, Vinzenz von Paul.

Vor allem sei hingewiesen auf die klassischen Quellen, auf die Werke der heiligen Theresia von Avila (besonders ihr „Leben“, der „Weg zur Vollkommenheit“ und die „Seelenburg“), Johannes vom Kreuz (besonders die „Dunkle Nacht“), Theresia vom Kinde Jesu, „Geschichte einer Seele“, Werke, die von der Kirche besonders geprüft und von ihr als voll von göttlicher Weisheit gepriesen und als sichere Wegweisung empfohlen werden. Von Theresia der Großen läßt uns die Kirche in der Festmesse und im Offizium immer wieder zu Gott beten: Laß uns durch die Speise ihrer himmlischen Lehre genährt und in der Gesinnung kindlicher Hingabe geschult werden! In dem Tagesgebet des heiligen Kirchenlehrers Johannes vom Kreuz bitten wir darum, daß wir uns unablässig bestreben, ihn nachzuahmen. Und bei der Kleinen heiligen Theresia beten wir zum Sohne: Gib uns die Gnade, in Demut und Herzenseinfalt so den Spuren der heiligen Jungfrau Theresia zu folgen, daß wir den himmlischen Lohn erlangen, der Du lebst und herrschest mit Gott dem Vater in der Einheit des Heiligen Geistes, Gott von Ewigkeit zu Ewigkeit. Amen.

X.

ANHÄNGE

I.

Thomas v. A. über die Gaben des Heiligen Geistes

Der hl. Thomas sagt in dem grundlegenden Artikel der Theologischen Summe über die Gaben des Heiligen Geistes (I a II ae, q. 68, a. 1): „Um die Gaben von den Tugenden zu unterscheiden, müssen wir dem Sprachgebrauch der Heiligen Schrift folgen, welche ihnen nicht die Bezeichnung ‚Gabe', sondern ‚Geist' gibt. So heißt es nämlich bei Isaias (11,2): Es wird auf Ihm ruhen der Geist der Weisheit und der Einsicht. Diese Worte geben deutlich zu verstehen, daß das Siebengeschenk in uns ist durch Eingebung Gottes. Eingebung bedeutet aber eine Bewegung, die von außen kommt. Es ist nämlich zu bedenken, daß es im Menschen zwei Prinzipien der Bewegung gibt. Das eine ist ihm innerlich, die Vernunft; das andere von außen wirkende ist Gott. Es ist aber klar, daß alles, was bewegt wird, seinem Beweger angepaßt sein muß, und die Vollkommenheit des Beweglichen als solchen ist die Veranlagung, daß es leicht von seinem Beweger bewegt werden kann. Je höher also der Beweger steht, um so notwendiger ist es, daß das Bewegliche durch vollkommene Disposition ihm angepaßt ist, wie wir bei einem Schüler sehen, dessen Veranlagung um so besser sein muß, je höher die Lehre ist, welche er von seinem Lehrer aufnehmen will. Es ist aber klar, daß die menschlichen Tugenden den Menschen vollendet machen als Wesen, welches in seinem inneren und äußeren Tun von seiner *Vernunft* sich leiten lassen muß. (In der übernatürlichen Ordnung ist es selbstverständlich die vom Glauben erleuchtete Vernunft, die Tugend der christlichen Klugheit, welche den anderen Tugenden vorsteht.) Also muß es im Menschen noch höhere Vervollkommnungen geben, damit er durch sie befähigt sei, von Gott bewegt zu werden. Und diese Vervollkommnungen werden Gaben genannt, nicht bloß deshalb, weil sie von Gott eingegossen werden, sondern weil durch sie der Mensch die Anlage bekommt, daß er gefügig vom Antrieb Gottes bewegt werde, wie es bei Isaias (L, 5) heißt: ‚Der Herr macht offen mir das Ohr, ich aber widerspreche nicht und wende mich nicht ab', und sogar der Philosoph sagt, ‚daß man denen, die von Gott angetrieben werden, nicht mit menschlichen Vernunftgründen raten soll, sondern daß sie dem innern Antrieb folgen sollen, weil sie von einem bessern Prinzip bewegt werden', als es die menschliche Vernunft ist. Das ist der Grund, weshalb manche sagen, daß die Gaben den Menschen zu höheren Akten befähigen als es die Tugendakte sind."

Unter Habitus versteht der heilige Thomas eine dauernde Beschaffenheit der Potenzen eines Wesens, wodurch sie in ihrer Tätigkeit unterstützt und gefördert und zum Wirken nach einer bestimmten Richtung hin dauernd tüchtig und geneigt gemacht werden. Der Habitus bewirkt, wenn vom Handelnden erworben, auf Grund einer anfänglichen Disposition eine tief wurzelnde Gewohnheit.

Er macht gleichsam das Handeln zur zweiten Natur, läßt es mit Leichtigkeit und mit einer gewissen Freudigkeit sich vollziehen. Es gibt nicht nur erworbene Habitus, sondern auch von Gott gewirkte, „eingegossene", und es gibt solche, deren Tätigkeit nicht ein Wirken ist, sondern das Sichbereiten für ein Empfangen, so wie der Aufmerksame sich sammelt, um gut die Lehre aufzunehmen, oder der Gehorsame sich fremdem Willen „fügt". Nicht das Wesen der Seele, welches, wenn es sich änderte, ein Wesen anderer Art werden würde, sondern ihre Vermögen sind die unmittelbaren Träger der Habitus. Die Vermögen erhalten durch sie ihre Vollendung und Vollkommenheit. Unter den Vermögen sind nur jene eines eigentlichen Habitus fähig, die nicht von Naturnotwendigkeit beherrscht und geordnet sind. Denn wo die Natur durch Notwendigkeit für die Erreichung ihrer Ziele Vorsorge getroffen hat, kann eine größere Fertigkeit oder Tüchtigkeit nicht erworben werden. Daraus ergibt sich, daß in erster Linie Vernunft und freier Wille solche Beschaffenheiten erhalten können, da sie sich in Freiheit zur Tätigkeit bestimmen und in mannigfachster Weise und in den verschiedensten Richtungen ihre Tätigkeit ausüben können. Da nun bei dem vernunftbegabten Sinnenwesen Mensch die spontan auftretenden ersten Regungen, Vorstellungen, Gefühle Ausgangspunkt für verderbliche Entwicklungen sein können, erleichtert Gott durch eingegossene Tugenden die Herrschaft der Vernunft über das Tun des Menschen und vervollkommnet durch sie die Seelenfähigkeit im Hinblick auf ihr übernatürliches Ziel, erhöht diese Fähigkeiten so, daß übernatürliche Akte aus ihnen hervorgehen. Die von Gott gewirkten Tugendhabitus machen unsere Neigungen bereit, der gläubigen Vernunft zu

Befehl zu sein. Sollten wir nun, fragt Gardeil[1], bleibende Organe haben, um die Antriebe unserer *Vernunft* zu empfangen, und wir hätten keine, um die Antriebe des *Heiligen Geistes* zu empfangen, der durch die Gnade und die Liebe genau so ordentlich in uns wohnt, wie unsere eigene Vernunft? Man muß schließen, daß die Gaben ebenso wie die Tugenden in uns als bleibende Veranlagungen da sind. Bei den Gaben des Heiligen Geistes steht der Mensch in reiner *potentia oboedientialis* Gott gegenüber, d. h. das Einzige, was er tun kann und auch tun muß, ist, daß er zu dem, was Gott in ihm wirkt, Ja sagt. An sich wäre es denkbar, daß der Heilige Geist immer und je von Fall zu Fall die Seele disponierte, Seine Anregungen zu empfangen (Gabe = gratia operans). Aber das würde bedeuten, daß Seine Anregungen keinen tiefgehenden Einfluß auf die Seele hätten, wenn sie in ihr kein bleibendes Gepräge, keine dauernde Empfänglichkeit, kein dauerndes Verhalten bewirkten. Niemand vermag aber so tief auf die Seele zu wirken, wie der Schöpfer der Natur und der Übernatur. Eine einzige heldenmütige Überwindung kann schon in der Seele die dauernde Bereitschaft und Leichtigkeit zu ähnlichen, wenn auch nicht heroischen Akten auf dem Gebiet der betreffenden Tugend schaffen, und so darf man sicherlich sagen, daß der Heilige Geist durch Seine tiefgreifenden Wirkungen bleibende Veranlagungen, Haltungen in der Vernunft und dem Willen des Menschen bewirkt.

Nach der Lehre des heiligen Thomas schaffen die Gaben des Heiligen Geistes in der Seele eine solche bleibende Bereitschaft, den Antrieben des Heiligen

---

[1] Dict. de Théol. Cath. von Vacant-Mangenot, Art. Dons du St. Esprit, Sp. 1737.

Geistes zu folgen, ganz wie die sittlichen Tugenden das Streben des Menschen geneigt machen, der Vernunft zu gehorchen. Wie diese etwas Zuständliches, Bleibendes sind, nicht etwas Vorübergehendes, so sind auch die Gaben bleibende Beschaffenheiten, keine Akte und vorübergehenden Dispositionen, wie etwa das Licht, das die Propheten erleuchtete. Die entscheidende Begründung, daß die Gaben etwas Bleibendes sind, gibt das Zeugnis der Heiligen Schrift. Denn Isaias erklärt, daß „der Geist des Herrn auf Ihm ruhen wird, der Geist der Weisheit und der Einsicht...", ohne Zweifel dauernd, nicht bloß vorübergehend wie die Erscheinung der Taube am Jordan. Und über den Beistand, den Tröster, von dem die Gaben kommen und der durch sie wirkt, heißt es (Jo 14, 17 f.), daß Er „in Ewigkeit bei euch bleiben soll" und „dauernd in euch sein wird". Die Bezeichnung „Geist der Wahrheit, der Einsicht, der Wissenschaft usw." weist ganz deutlich auf etwas Bleibendes hin, nicht auf etwas, was man einmal hat, dann wieder nicht. Man würde einen Menschen nicht weise nennen, der manchmal Anflüge von Weisheit hätte, ebensowenig einen fromm, der nur gelegentlich Anwandlungen von Frömmigkeit hätte. Vielmehr nennen wir fromm den, der das Gepräge von Frömmigkeit, von betender Gottverbundenheit, hat.

Die Gaben können in Christus und in den Gläubigen nur dem Grade, nicht ihrem Wesen nach verschieden sein. Denn von dem Isaiastext, der sie Christus zuschreibt, haben die Kirchenlehrer und die Theologen geschlossen, daß sie auch in den Gläubigen da sind. Weil sieben Gaben dort aufgezählt sind — die textkritische Frage interessiert hier nicht —, werden sieben, und zwar diese bestimmten sieben, auch den Gläubigen zugeschrieben, und ihr Spender wird im Pfingsthymnus von der Kirche „septiformis munere“, „Schatz, der siebenfältig ziert“, genannt, und in der Pfingstsequenz betet die Kirche um die heilige siebenfache Gabe, das sacrum septenarium.

Da das unmittelbare Regiertwerden von Gott und das Regiertwerden von der menschlichen Vernunft nicht dasselbe sind, reichen die sittlichen Tugenden, auch die von Gott eingegossenen, welche den Menschen der Führung seiner vom Glauben erleuchteten Vernunft gegenüber geneigter machen sollen, nicht aus, um die unmittelbaren Antriebe des Heiligen Geistes aufzunehmen. Dafür sind höhere Dispositionen notwendig. Diese höheren Empfangsorgane für das unmittelbare Einwirken des Gottesgeistes können aber auch nicht, wie Johannes vom heiligen Thomas zeigt, dessen Ausführungen wir hier weiter folgen, nicht mit den göttlichen Tugenden Glaube, Hoffnung und Liebe gleichgesetzt werden. Denn die Gaben gehören, wie es die berühmte Isaiasstelle besagt, die der Herr selbst bei sich als erfüllt erklärte, zur Gnadenausstattung seiner Seele. Dagegen gab es bei Christus, weil Er in der Anschauung Gottes lebte, keine Tugend des Glaubens, und weil seine Seele vom ersten Augenblicke an im Besitze Gottes war, auch nicht die theologische Tugend der Hoffnung, während für uns Erdenpilger der Besitz Gottes Gegenstand unseres Hoffens ist. Folglich lassen sich auch bei uns nicht die Gaben auf Glaube und Hoffnung zurückführen. Aber auch nicht auf die Liebe. Denn Liebe kann nicht dasselbe sein wie Weisheit, da Weisheit, wie auch Einsicht, Rat und Wissenschaft, Sache des Verstandes ist und nicht des liebenden Willens. Die Gaben können sich also nicht aus der Vollkommenheit der Liebe ergeben und mit ihr gleichgesetzt werden. Sie stehen wohl im Dienste der Liebe; denn die Liebe soll durch sie vollendet und vollkommen gemacht werden.

Der dauernden Einwohnung des Heiligen Geistes entsprechen nicht fortwährend Akte von Seiten der Seele, sondern eine bleibende Empfänglichkeit der Seele für Seine Einwirkungen, ein dauerndes Bereitsein für Ihn. Das aktuelle Tun hängt von Seinem Antrieb, seiner aktuellen Anregung ab, es steht nicht in der Macht des Menschen. Es steht aber in seiner Macht, immer bereit zu sein, Ihm zu folgen, Sein gelehriger Schüler zu sein.

Die Gaben sollen nach der Lehre des heiligen Thomas bewirken, daß der Mensch aus einer gewissen Gleichgesinntheit und Gleichgestimmtheit mit Gott heraus lebt, daß er darauf aus ist, daß er Hunger und Durst danach hat, den Willen des Vaters zu tun. Niemand aber hat eine solche Gleichförmigkeit mit Gott, wenn er nicht in einer dauernden gottoffenen Haltung dasteht. Eine nur vorübergehend verliehene Angleichung an Gott würde nicht jene Leichtigkeit und Natürlichkeit des Handelns schenken, wie sie eine eingewurzelte Gewohnheit oder innerste Veranlagung verleiht. Die Gaben sollen aber gerade ein Leben nach Gott zur zweiten Natur machen, müssen also etwas Zuständliches sein. (Vgl. Johannes vom heiligen Thomas [1589—1644] in seinem Tractatus de Donis Spiritus Sancti, cap. II, bes. n. 10, 23, 25, 26, 49. Von diesem klassischen Werk eines der größten Thomaserklärer und heiligmäßigen Ordensmannes gibt es eine ausgezeichnete englische Übersetzung von Dominic Hughes O. P. [Sheed & Ward, New York 1951] und ebenso eine gute französische von Maritain.)

II.

Jean-Nic. Grou S. J. (1731—1803) über die Einfachheit

(Handbüchlein für innerliche Seelen, Abensberg 1983, 7. Aufl., S. 219 ff.)

Es ist einleuchtend, daß die Einfachheit bei einem Geschöpfe niemals das sein kann, was sie bei Gott ist. Es ist aber nicht weniger einleuchtend, daß die Vollkommenheit des Geschöpfes in der Ähnlichkeit mit Gott besteht, und je einfacher es nach Seiner Weise ist, desto vollkommener ist es. Alles also, was Gott in einer Seele wirkt, um sie heilig zu machen, geht darauf hinaus, sie einfach zu machen, und die ganze Mitwirkung, die Er von dieser Seele verlangt, besteht darin, daß sie sich jede Art von Vielfältigkeit entziehen lasse, um einfach zu werden durch die Teilnahme an der Einfachheit Gottes.

Sobald sich also eine Seele Gott ganz hingegeben hat, damit Er in Zeit und Ewigkeit alles mit ihr tue, was Ihm gefällt, macht Er sie zunächst in ihrem Grunde einfacher, indem Er darin ein Prinzip übernatürlicher und eingegossener Liebe einsenkt, welches die einfache und einzige Triebfeder ihres Verhaltens wird. Sie fängt an, Gott zu lieben, ohne einen anderen Beweggrund als Liebe. Sie liebt Ihn Seiner Selbst willen, und nicht ihretwegen. Sie macht alles zum Ausdruck dieser Liebe, sogar ohne eigens daran zu denken und ohne darauf zu achten. Für eine solche Seele gibt es einfach nur einen einzigen Gesichtspunkt: Lieben. Sie hält sich nie bei sich selbst auf, oder sie strebt wenigstens danach, von sich loszukommen und in Den überzugehen, welchen sie liebt.

Gott macht sie einfach in ihrem Denken. Die Menge von Gedanken, welche früher auf sie einstürmte, verschwindet. Sie kann nicht mehr nachdenken, überlegen, erwägen. Ein einfaches, jedoch undeutliches Licht erleuchtet sie. Sie geht ihren Weg im Scheine dieses Lichtes, ohne Einzelheiten wahrzunehmen.

Ihr Gebet, welches früher mit Erwägungen, Anmutungen und Vorsätzen überladen war, wird einfach. Die Seele ist beschäftigt und beschäftigt sich doch mit nichts. Sie fühlt und genießt, ohne doch sagen zu können, was sie genießt. Es ist kein besonderes und bestimmtes Gefühl, sondern ein unbestimmtes und allgemeines, das sie sich nicht zu erklären vermag. Man frage sie nicht, was der Gegenstand ihres Gebetes sei: sie weiß es nicht. Kein bestimmter Gedanke hat sich ihrem Geiste dargestellt, oder sie hat sich bei keinem von denen, die sich ihr darboten, aufgehalten. Sie weiß nur, daß sie sich ins Gebet begeben hat und daß sie dabei war, wie es Gott gefiel, bald trocken, bald fühlbar gesammelt, bald unfreiwillig zerstreut, aber immer friedlich in ihrem Herzen und mit Gott vereinigt. So bringt sie ganze Stunden zu, ohne Langeweile, ohne Überdruß, scheinbar gedankenlos, affektlos. Der Grund ist: Ihre Gedanken und Affekte sind einfach und richten sich unmittelbar auf Gott, den unendlich Einfachen. Außerhalb des Gebetes ist die Seele fast in demselben Zustand. Sie mag lesen oder sprechen, häusliche oder andere Arbeiten verrichten, sie fühlt, daß sie weniger bei dem ist, was sie tut, als bei Gott, für den sie es tut, und daß Gott die innerste Beschäftigung ihres Geistes ist, so daß, was diese ihre innerste Beschäftigung angeht, ihr Gebet und ihre Aufmerksamkeit Gott keine Unterbrechung erfährt und durch keine äußere Beschäftigung abgelenkt wird. Dieser einfache Geistesblick auf Gott wird von Tag zu Tag vollkommener, und die Hauptsorge der Seele besteht darin, alles von sich fernzuhalten, was sie der Vielfalt des Geschaffenen wiedergeben könnte.

Gott vereinfacht das Wollen, indem Er es auf ein einziges Ziel, auf eine einzige Sache, auf ein einziges Verlangen, nämlich auf die Erfüllung des göttlichen Willens zurückführt. Die Seele wird nicht mehr wie früher durch tausend Wünsche, tausend Sorgen, tausend Beunruhigungen gequält. Ihre Liebesneigungen finden sich alle in einer einzigen zusammengefaßt: Sie liebt alle, die sie lieben muß — Eltern, Gatten, Kinder, Freunde —, aber sie liebt sie nur in Gott und mit derselben Liebe, mit der sie Gott liebt. Sie weiß nicht mehr, ob sie etwas will, weil ihr Wille ganz in den Willen Gottes aufgegangen ist und weil Gott für sie in jedem Augenblick das will, was für sie das Richtige ist. So findet ihr einfach gewordener Wille seine Ruhe und sein Ziel in dem Willen Gottes.

Gott vereinfacht sie, indem Er sie allmählich von sich selbst löst, von aller Eigennützigkeit, von aller Aufmerksamkeit auf ihre jeweilige Lage. Alles, was sie früher liebte: Spiel, Unterhaltung, Bücher, Neuigkeiten, an all dem hat sie keinen Geschmack mehr. Der Verkehr mit den Menschen verursacht ihr nur Widerwillen. Sie widmet sich ihnen nur so weit, wie Pflicht und Höflichkeit es verlangen. Gott zieht sie unaufhörlich nach innen und löst sie von allem Äußeren. Er macht es ihr nach und nach unmöglich, auf sich selbst zu schauen und auf das, was in ihr vorgeht, weil ein Blick, der bald auf Gott und bald auf sich selbst gerichtet und somit geteilt ist, nicht einfach wäre. Schließlich weiß sie nicht mehr, wie sie ist, sie denkt nicht mehr an sich, kümmert sich nicht mehr um sich, meidet sorgfältig jeden Gedanken, dessen Gegenstand sie selbst wäre, damit nur Gott sie ganz ausfülle. Er nimmt ihr aus demselben Grunde alles Hinschauen auf das eigene Interesse, weil ihre Absicht und ihre Meinung sonst nicht einfach wären, wenn sie mit der Sache Gottes die Wahrnehmung der eigenen, als einer von der Sache Gottes verschiedenen, verbände. Sie betrachtet also ihr Tun, ihre guten Werke, ihre Vervollkommnung nicht mehr in Bezug auf sich, noch als etwas, was sie persönlich angeht, sondern sie betrachtet alles dies von Gott her, als Dinge, die von Ihm kommen, die Ihm gehören und über die Er nach Seinem Wohlgefallen verfügen kann.

Gott macht sie in ihrem ganzen äußeren Verhalten einfach. Sie ist offen, ohne Verstellung und Heuchelei. Sie kennt keine heimlichen Machenschaften, keinen Ehrgeiz, spielt sich nicht auf, ist ohne Menschenfurcht. Sie tut einfach das, wozu Gott sie antreibt, sie sagt und tut, was sie für ihre Pflicht hält, ohne sich darüber zu beunruhigen, was man sagen oder denken wird. Ihr Sprechen ist einfach, wahr und natürlich; sie überlegt nicht im voraus, was sie sagen soll; sie sagt, was ihr der Geist Gottes eingibt, ohne sich um die Folgen zu kümmern. Wenn es sich um ihre Ehre, um ihre Angelegenheiten, ihr Leben handelte, würde sie aus sich selbst kein Wort sagen, keine Schritte unternehmen. Sie läßt vielmehr Gott alles ordnen, und sie sieht nur Ihn in allem, was ihr von seiten der Geschöpfe widerfährt.

Das ist in kurzen Zügen die christliche Einfachheit, so wie sie sich in einer Seele findet, die sich von Gott führen läßt. Es ist leicht zu verstehen, daß diese Tugend die ganze Vollkommenheit der inneren Wege in sich begreift, daß sie ihr Anfang, ihre Mitte und ihr Ziel ist, und daß die Seele den höchsten Grad der Heiligkeit erreicht hat, wenn sie vollkommen einfach geworden ist und in allem nur Gott sieht, in allem nur Gott liebt, nichts anderes im Sinn hat als Gott, als Seine Ehre und die Erfüllung Seines Willens.

Man versteht es, warum solche Seelen von eigensüchtigen Seelen, wenn sie auch sonst „fromm" sind und manche Tugenden besitzen, gehaßt und verabscheut werden. Die Wege, die sie gehen, sind eben ganz verschieden. Die einen dienen Gott um Seiner Selbst willen, ohne an sich selbst zu denken, was sich notwendig aus der Einfachheit ergibt. Dagegen suchen die anderen sich selbst im Dienste Gottes, sie schreiben sich selbst alles zu, streben begierig nach dem Fühlbaren, wollen immer Sicherheit haben und sich selber keinen Augenblick aus dem Auge verlieren. Es ist unmöglich, daß solchen Auffassungen die entgegengesetzte Art der Frömmigkeit sympathisch ist und daß die einfachen und Gott ganz hingegebenen Seelen von den andern, die in ihnen die stillschweigende Verurteilung ihrer Grundsätze und ihres Verhaltens sehen, nicht viel zu leiden haben.

Schließlich versteht man auch, daß die Heiligkeit der innerlichen Seelen auf Erden unbekannt bleibt, außer wenn Gott Selbst sie offenbar macht. Die Einfachheit läßt sie eben einen nach außen gewöhnlichen Weg gehen; läßt sie in keiner Weise danach streben aufzufallen; läßt sie nur wenige religiöse Übungen haben. Sie sorgt, daß alles sich nur in ihrem Innern abspielt und daß sie nicht nur vor den anderen, sondern auch vor sich selbst verborgen bleiben. Gott will, daß sie ganz Ihm gehören. Er verbirgt sie in der Heimlichkeit Seines Angesichtes. Und um die besonderen Gnaden, die Er ihnen erweist, noch mehr zu sichern, erlaubt Er fast immer, daß sie gedemütigt, verleumdet und verfolgt werden. So ward auch Christus von den Juden verkannt und verworfen und erst nach Seinem Tode verherrlicht.

III.

Die heilige Johanna Franziska von Chantal und der heilige Franz von Sales über das Gebet der Ruhe

Wichtige Texte über das Gebet der Ruhe bringt Emil Bougaud in seiner vorbildlichen Lebensbeschreibung der heiligen Johanna Franziska von Chantal (Deutsch bearbeitet, Freiburg i. B. 1910, 2. Aufl., 2 Bde.), welcher das Folgende entnommen ist (Bd. 1, 455—469). Das Gebet der Ruhe war, wie die Heilige erklärt, bei ihren Töchtern fast allgemein (a. a. O., Bd. 1, 470).

Die heilige Franziska von Chantal fragt ihren heiligen Seelenführer Franz von Sales:

„Ich habe Ihnen, mein Vater, mehreres mitzuteilen; aber mein armseliger Geist ist dergestalt durch tausend Beschwernisse niedergebeugt und zerstreut, daß ich eigentlich nicht mehr weiß, was ich Ihnen sagen wollte. Ich empfinde nicht mehr das Gefühl des süßen Vertrauens und der Hingabe an Gott, welches ich ehemals beim Gebete hatte, noch vermag ich diese Tugenden zu erwecken, und doch scheint es mir, daß diese Tugenden fester als früher begründet sind. Mein Geist fühlt sich in seinem innersten Wesen vollständig geeint mit dem Willen Gottes; wenn ich bei manchen Veranlassungen Akte der Vereinigung mit dem Willen Gottes machen will, so kostet es Anstrengung, und ich sehe klar, daß ich diese Gleichförmigkeit nicht herzustellen, sondern nur in ihr zu verbleiben brauche. Meine Seele will alsdann weder denken noch handeln; sie überläßt sich gleichsam unbemerkt dem Verlangen, Gott möge mit ihr und allen Geschöpfen in allem nach Seinem Wohlgefallen verfahren. Diese Übung des Gebetes möchte meine Seele Gott als Morgen-, als Meß- und Danksagungsgebet darbringen und damit Ihm für alle empfangenen Wohltaten danken. Um alles möchte sie in dieser Geisteseinheit in Gott verbleiben. Ohne ihre Wünsche weiter schweifen zu lassen, betet sie zuweilen laut das Vaterunser für alle Menschen, für einzelne und für sich selbst, ohne zu wissen, um was sie betet. So oft sich nun Neigung und Gelegenheit bietet, die ganz unverhofft kommen, versenkt sich die Seele in diese Vereinigung mit Gott. Obschon ich glaube, daß dies für alles ausreicht, so kommen mir doch sehr oft Beängstigungen; ich zwinge mich alsdann (was mir jedoch große Anstrengung verursacht), Akte der Vereinigung mit Gott, der Anbetung und der Danksagung zu erwecken, Morgen- und Meßgebete zu verrichten. Ich bitte Sie deshalb, mir zu sagen, ob ich recht handle, oder ob diese einfache Hingabe an Gott genügt, ob sie auch alle die Akte, von denen ich eben gesprochen habe und zu denen wir verpflichtet sind, ersetzt und ob sie auch während der Geistesdürre ausreicht, wo die Seele kaum noch eine Ahnung davon hat, daß sie betet. Ich bitte Sie ja um keine lange ausführliche Antwort über diesen Gegenstand, in einigen Worten können Sie mir ja alles sagen; wenn Sie meinen Wunsch gutheißen und mich versichern, daß diese einfache Einigung mit Gott in allem hinreicht, so werde ich dabei bleiben und mit Gottes Hilfe keine Akte mehr zu erwecken suchen."

Der heilige Kirchenlehrer antwortete:

„Ihr Gebet und diese Ruhe in Gott ist außerordentlich gut und heilsam, da es so oft schon geprüft worden ist, und man nicht daran zweifeln kann, daß unser Herr und Heiland diese Art zu beten von Ihnen verlangt."

Als die ehrwürdige Mutter von Chantal kaum zu der Höhe dieser Gebetsweise erhoben war, fühlte sie ihrer lebhaften Natur wegen Widerwillen davor, und die Neuheit der eingeschlagenen Bahn machte ihr verschiedene Schwierigkeiten. Es war ihr hier alles ganz und gar unklar und beunruhigend; wie ein Wanderer, der sich auf einem unbekannten Weg befindet, so machte auch sie keinen Schritt, ohne in Furcht zu geraten. Da tausend Fragen ihre Seele verwirrten, entschloß sie sich, dieselben niederzuschreiben und ihrem Seelenführer mit der Bitte vorzulegen, daß er sie untersuchen und ihr erklären möchte. Darauf schrieb der heilige Franz von Sales seine Ansicht an den Rand, und dieses wertvolle Schriftstück fand sich unter den Papieren der Heiligen vor:

Im Namen Jesu und Mariä!

Fragen an unsern ehrwürdigen Vater von seiner Tochter

Die Tochter. „Zuerst will ich meinen Vater fragen, ob er es für gut findet, daß ich jedes Jahr meine Gelübde und mein Versprechen, mich ganz Gott hinzugeben, vor ihm ablege, um dieselben dadurch von neuem zu beleben. Er kann mir im einzelnen angeben, was ich tun muß, um meine Hingabe in eine vollständige und rücksichtslose zu verwandeln, so daß ich alsdann in Wahrheit ausrufen kann: ‚Ich lebe, doch nicht ich, sondern Jesus Christus lebt in mir.' Damit ich dahin gelange, möge mein Herr mich nicht schonen, mir weder einen großen noch kleinen Vorbehalt erlauben und alle täglichen Übungen angeben, die notwendig sind, um zu einer wahrhaften und gänzlichen Hingebung an Gott zu gelangen."

Antwort unseres ehrwürdigen Vaters. „Im Namen unseres Herrn und Heilandes und unserer Lieben Frau antworte ich, daß es sehr gut sein wird, meine teure Tochter, wenn Sie alljährlich diese gänzliche Hingabe an Gott erneuern und auffrischen. Ich werde Sie nicht schonen, sondern Ihnen alle überflüssigen Worte, die sich selbst auf erlaubte Liebe zu den Geschöpfen beziehen, verbieten, und hier muß ich die Verwandten, die Heimat, das Vaterland, besonders aber den Vater nennen, sogar das lange Denken an all dieses ist zu vermeiden; es sei denn, daß die Erfüllung einer Pflicht es verlange, um so vollständig das Wort zu üben: ‚Höre, Meine Tochter, und neige dein Ohr, und vergiß deines Volkes und des Hauses deines Vaters.' Vor dem Mittag- und Abendessen sowie vor dem Schlafengehen prüfen Sie sich, um zu sehen, ob Sie in Betreff Ihrer Handlungen aufrichtig sagen können: ‚Ich lebe, doch nicht ich, sondern Jesus Christus lebt in mir.'

Die Tochter. „Wissen möchte ich, ob die Seele, die sich Gott also hingibt, außer der steten Erinnerung an Gott so viel als möglich alles andere vergessen muß, um nur in wahrhaftem und vollständigen ‚Vertrauen in Gott allein zu ruhen'."

Unser ehrwürdiger Vater. „Ja, Sie müssen alles, außer Gott, Gottes wegen vergessen und in Frieden unter Seiner Leitung verbleiben."

Die Tochter. „Soll die Seele nicht ganz besonders im Gebete alle Gespräche, Tätigkeit, Antworten, Neugierde u. dgl. mehr beiseite lassen und, anstatt daran zu denken, was sie geleistet hat, leistet und noch leisten wird, nur den Blick auf Gott heften, ihren Geist ganz mit Gott vereinigen und jeden Gedanken an sich selbst entfernen? Soll man diese Übung nicht auch außer dem Gebete gerade wie im Gebete üben, daß man nämlich Gott und sein eigenes Nichts betrachtend, sich nur Gottes heiligem Willen überläßt, um in Ihm zufrieden und glücklich zu sein, ohne sich anzustrengen, um Akte des Verstandes zu machen? Ich meine, dieses könnte auch stattfinden bei Übung von Tugenden und auch bei der Gelegenheit, da Fehler begangen worden sind. Es scheint mir, als dürfe die Seele sich hiervon nicht wegwenden, da unser Herr in dieselbe das Gefühl legt, daß Er es also will und Er sie tausendmal besser erleuchtet, als Gespräche und Vorstellungen es je vermögen.

„Sie sagen mir: Warum bleiben Sie nicht dabei?

„O mein Gott, das ist mein Unglück, und ich tue es gegen meinen Willen, denn die Erfahrung hat mich gelehrt, daß es mir schädlich ist; aber ich bin nicht Herr über meinen Geist, der ohne meine Erlaubnis alles sehen und ordnen will. Deswegen bitte ich nochmals darum, daß Sie mir dies unter dem heiligen Gehorsam befehlen und hierdurch den armseligen Ausreißer festhalten; denn ich glaube, daß er dem bestimmten Befehl nicht entgegenhandeln, sondern sich beugen wird."

Unser ehrwürdiger Vater. „Weil unser Herr und Heiland Sie seit langem schon zu dieser Gebetsweise hinleitet und Ihnen sowohl die Früchte, die daraus hervorgehen, als auch den Schaden der entgegengesetzten Art gezeigt hat, darum bleiben Sie standhaft. Führen Sie Ihren Geist zu dieser Gleichförmigkeit und Einfachheit, zu dieser gänzlichen Hingabe an Gott zurück, und wenn Ihr Geist darin Gehorsam üben will, so würde ich an Ihrer

Stelle ihm sagen: Meine Seele, wenn Gott dich ruft, damit du das Amt der Maria übernehmest, warum willst du dir das der Martha wählen? Ich befehle dir daher, daß du ganz einfach entweder in Gott oder bei Gott bleibest und nicht versuchest, etwas zu tun oder irgend etwas zu wünschen, außer das, wozu Er dich antreibt."

Aus späteren Fragen der Heiligen:

Die Tochter: „Ich frage meinen teuersten Vater, ob die Seele in dieser Hingabe nicht ganz in Gott ruhen und Ihm die Sorge alles dessen überlassen soll, was sie innerlich oder äußerlich angeht, um, wie Sie sagen, sich Seiner Vorsehung und Seinem Willen ganz ohne Sorge, ohne Geschäftigkeit und ohne irgendeine Wahl zu überlassen, und nur wünschen, daß der Herr nach Seinem heiligen Willen in ihr schalte und walte, ohne daß sie Ihm Widerstand oder Hindernis entgegensetze. O mein Gott, wer vermag mir diese Gnade zu verleihen, wenn nicht Du, guter Jesus, durch das Gebet Deines Dieners!"

Der ehrwürdige Vater. „Gott sei Ihnen gnädig, meine teuerste Tochter! Das Kind in den Armen seiner Mutter umschlingt ihren Hals und läßt sie sorgen."

Die Tochter. „Hat unser Herr nicht eine ganz besondere Sorge, alles anzuordnen, was einer also in Ihm ruhenden Seele notwendig und nützlich ist?"

Der ehrwürdige Vater. „Die Seelen, die sich Ihm auf diese Weise ergeben, sind Ihm ebenso teuer wie Sein Augapfel."

Die Tochter. „Soll die Seele alles von Seiner Hand erwarten? Ich sage alles, weil es sich bis auf die kleinsten Dinge erstrecken soll, und ob sie auch in allem um Rat fragen soll?"

Der ehrwürdige Vater. „Gott will, daß wir hierin wie Kinder sein sollen. Man darf sich keine unnötigen Sorgen machen und in aller und jeder Hinsicht, selbst bei der gewöhnlichsten, einfachsten und unbedeutendsten Handlung nur nach dem Willen Gottes fragen."

Aus einer Ansprache der heiligen Ordensstifterin an ihre geistlichen Töchter:

„Ich will euch die Kennzeichen nennen, an welchen ihr erkennen könnet, ob eure Ruhe und Sorglosigkeit im Gebet von Gott kommen:

Das erste Kennzeichen ist: Daß ihr euch, nachdem ihr euern Betrachtungspunkt wie gewöhnlich aufgestellt habt, ohne euer Zutun innerlich von demselben abgezogen und sanft zu jener heiligen Ruhe hingezogen fühlt.

Das zweite ist, daß ihr gerade durch die Süßigkeit lernet, Gott und euern Obern ohne Rückhalt gehorchen, und von der göttlichen Vorsehung abhängend, nur Ihren heiligen Willen suchet.

Das dritte ist, daß diese Ruhe euch von jeglicher Anhänglichkeit an die Geschöpfe befreit, um euch nur mit Gott zu vereinigen.

Das vierte ist, daß diese Ruhe euch ernster und aufrichtiger stimmt, um wie Kinder eure Herzen zu offenbaren.

Das fünfte ist, daß ihr euch trotz der Süßigkeit, welche euch diese Ruhe bereitet, doch bereit zeiget, auch die Geistestrockenheit zu ertragen, um so, wenn euch Gott dieselbe schicken sollte, in allem nur Ihm zu dienen.

Das sechste ist, daß euch diese Gebetsweise geduldiger macht und ihr immer mehr zu leiden wünscht ohne irgendeine andere Befriedigung, als das Wohlgefallen eures göttlichen Bräutigams zu verlangen.

Das siebte ist, daß diese Ruhe euch immer demütiger macht, indem sie euch die Verachtung der Welt und eurer selbst einflößt, so daß ihr nur Niedrigkeit, Arbeit und Kreuz liebet."

Gerade in Kreuz und Leid bewährt sich das Gebet der Ruhe. Es gibt nämlich der Seele die Kraft, das Kreuz so hinzunehmen, wie es von Gott gemeint ist. Wie Gott es meint, hat einmal unübertrefflich der heilige Franz von Sales gesagt:

„Gottes ewige Weisheit hat von Ewigkeit her das Kreuz ersehen, das Er dir als ein kostbares Geschenk aus Seinem Herzen gibt. Er hat dieses Kreuz, bevor Er es dir schickte, mit Seinen allwissenden Augen betrachtet, es durchdacht mit Seinem göttlichen Verstand, es geprüft mit Seiner weisen Gerechtigkeit, mit Seinen liebenden Armen es durchwärmt und es gewogen mit Seinen beiden Händen, ob es nicht ein Millimeter zu groß und ein Milligramm zu schwer sei. Und Er hat es gesegnet in Seinem allheiligen Namen, mit Seiner Gnade es durchsalbt und mit Seinem Troste es durchflutet — und dann noch einmal auf dich und deinen Mut geblickt — und so kommt es schließlich aus dem Himmel als ein besonderer Gruß Gottes an dich, als ein Almosen der allerbarmenden Liebe deines Gottes zu dir."

IV.

Die Kennzeichen für den Übergang zum passiven Beten nach Tauler

(Medulla animae oder Divinae institutiones, c. 34. Das Werk ist nicht von Taulers Hand, enthält aber seine Lehre. Der Abschnitt ist nach der Übersetzung von Nik. Casseder, Frankfurt a. M., 2. Aufl. 1843, S. 174.)

Wann ist für die die einfache Wahrheit suchende und nach ihr strebende Seele die Zeit gekommen, sich der Bilder zu entziehen, damit sie sich einesteils nicht vor der gehörigen Zeit dieser entwöhne und so sich schade, und andernteils zu ihrer Hinderung nicht zu lange darin bleibe? Hier müssen nun drei Punkte, als wahre Entscheidungspunkte angegeben werden.

Der erste ist: wenn dich alles, was du je gehört und verstanden hast, gleichsam anekelt.

Zweitens, wenn du an dem, was du gegenwärtig hörst oder verstehst, weder Freude noch Geschmack mehr findest.

Drittens: wenn der Hunger und die Sehnsucht nach dem höchsten Gute, was du noch nicht erreichen kannst, immer mehr und mehr in dir wächst, wenn die liebende Sehnsucht und das traurige Gefühl deines Unvermögens deinem Innern den Ruf zum Herrn entreißt: Herr, mein Gott! weiter kann ich nicht, nur flehen kann ich zu Dir, die Erhörung ist bei Dir! — Sieh, das sind die drei Zeugen, nach deren Aussage du der Beschäftigung der heiligen Bilder dich nicht nur entziehen darfst, sondern auch entziehen mußt. Aber, entgegnest du zagend und staunend, was bleibt mir nun übrig, auf was fußt ferner mein Geist, wenn ich auch dieser mich entschlage? Wahrlich, nichts als die bloße Liebe! Hättest du außer ihr noch etwas, so wäre es denn doch nichts anderes als ein Bild, und Bilder willst du doch nicht mit Bildern vertauschen? Sieh, du hängst am Kreuze der Liebe, wolle doch nicht herab! Das Kreuz der Liebe ist die heißeste Sehnsucht, Gott zu haben. Die Seele übt sich mit aller Anstrengung ihrer Kräfte, das Höchste und Erhabenste, wozu immer der Geist nur fähig ist, zu erreichen, und, ach! sie fühlt sich trostlos, verlassen von Gott und den Kreaturen, sie ist in so tiefe Armut gekommen, daß sie nicht mehr weiß, wohin sie sich wenden könne. Das aber o Seele, ist eben der Weg zur wesentlichen Wahrheit, und keiner gelangt zu ihr, als durch solche Übung, durch solche Prüfung.

V.

Regeln des heiligen Ignatius für die Unterscheidung der Geister[1]

(Geistliche Übungen, nach dem spanischen Urtext übertragen von Alfred Feder S. J., 8. Aufl., Freiburg i. Br. 1939, Ausg. A, S. 151—161.)

Regeln, um einigermaßen die verschiedenen Regungen, die in der Seele hervorgerufen werden, zu

[1] Wenn die Lehrer des geistlichen Lebens von der Unterscheidung der Geister sprechen, dann verstehen sie unter dem guten Geist Gott, den Schutzengel, die menschliche Natur, soweit sie gut geblieben ist, und unter dem bösen Geist den Teufel und die menschliche Natur, insofern sie verdorben worden ist. Die Regeln sollen Grundsätze für die praktische Beurteilung der Bewegungen in der Seele geben, ob sie gut oder schlecht, anzunehmen oder zu verwerfen sind. Die Unterscheidung dagegen, welchem Faktor im einzelnen, welchem guten oder welchem bösen, die Ursächlichkeit für die Seelenzustände zugeschrieben werden muß, ist für die praktische An-

gewahren und zu erkennen, die guten, um sie zuzulassen, die schlechten, um sie abzuweisen.

Die Regeln sind mehr geeignet für die e r s t e Woche[2].

R e g e l 1. Denen, die von einer Todsünde zur anderen schreiten, pflegt der böse Feind gewöhnlich scheinbare Freuden vor Augen zu führen, indem er bewirkt, daß sie sich sinnliche Genüsse und Lüste vorstellen, damit er sie um so mehr in ihren Lastern und Sünden erhalte und weiter führe. Der gute Geist hingegen befolgt bei solchen Personen das entgegengesetzte Verfahren, indem er sie ständig beunruhigt und ihnen durch die innere Stimme der Vernunft Gewissensbisse erregt.

2. Bei denen, die eifrig bestrebt sind, sich von ihren Sünden zu reinigen und im Dienst Gottes, unsers Herrn, vom Guten zum Bessern aufzusteigen, ist die Art des Verfahrens der in der ersten Regel beschriebenen Art entgegengesetzt. Dann ist es nämlich dem bösen Feind eigen, Gewissensangst zu erregen, traurig zu stimmen und Hindernisse zu bereiten, indem er die Seele durch falsche Gründe beunruhigt, damit sie nicht weiter voranschreite. Dem guten Geist hingegen ist es eigen, der Seele Mut und Kraft, Tröstungen, Tränen, Anregungen und Herzensruhe zu spenden, indem er alles leicht macht und alle Hindernisse entfernt, damit sie im Gutestun immer weiter fortschreite.

3. Vom geistlichen T r o s t. Trost nenne ich es, wenn in der Seele eine innere Regung geweckt wird, wodurch die Seele in der Liebe ihres Schöpfers und Herrn entbrennt, und wenn sie demzufolge

---

wendung der Regeln meistens unerheblich, und deshalb ist sie bei ihnen nicht zu urgieren.

[2] der dreißigtägigen Exerzitien.

kein geschaffenes Wesen auf dem Antlitz der Erde um seiner selbst willen, sondern nur im Schöpfer aller Dinge zu lieben vermag. Desgleichen, wenn der Mensch Tränen vergießt, die ihn zur Liebe seines Herrn anregen, sei es nun aus Schmerz über seine Sünden oder über das Leiden Christi, unsers Herrn, oder über andere Dinge, die sich unmittelbar auf den Dienst und das Lob Gottes beziehen. Schließlich nenne ich Trost jeden Zuwachs an Hoffnung, Glaube und Liebe und jede innere Freude, die den Menschen zu den himmlischen Dingen und zum Wirken an seinem eigenen Seelenheil hinruft und hinzieht, indem sie der Seele Ruhe und Friede in ihrem Schöpfer und Herrn spendet.

4. Von der geistlichen Trostlosigkeit. Ich heiße Trostlosigkeit alles, was dem in der dritten Regel Gesagten entgegengesetzt ist, wie Finsternis der Seele, Verwirrung in ihr, Hinneigung zu niedrigen und irdischen Dingen, Unruhe infolge verschiedener Anreizungen und Versuchungen, die zum Mißtrauen ohne Hoffnung, ohne Liebe hintreiben, wobei sich die Seele ganz träge, lau, traurig und gleichsam von ihrem Schöpfer und Herrn losgetrennt fühlt. Denn wie der Trost das Gegenteil der Trostlosigkeit ist, so sind auch die Gedanken, die aus dem Trost hervorgehen, den Gedanken, die der Trostlosigkeit entstehen, entgegengesetzt.

5. Zur Zeit der Trostlosigkeit soll man niemals eine Änderung treffen, sondern fest und beharrlich bei seinen Vorsätzen und der Willensentschließung bleiben, die man an dem der Trostlosigkeit vorhergehenden Tag getroffen hatte, oder auch bei der Willensentschließung, die man zur Zeit des voraufgegangenen Trostes gefaßt hatte. Denn gleichwie uns zur Zeit des Trostes mehr der gute Geist führt und berät, so zur Zeit der Trostlosigkeit der böse

Geist, auf dessen Ratschläge hin wir nie den Weg finden können, um recht zu handeln.

6. Obschon wir zur Zeit der Trostlosigkeit die frühern Vorsätze nicht ändern dürfen, so ist es doch sehr ersprießlich, unser Verhalten entschieden zu ändern, indem wir gegen die Trostlosigkeit selbst vorgehen, z. B. dadurch, daß wir eifriger das Gebet, die Betrachtung pflegen, uns viel erforschen und in angemessener Weise etwas mehr an Buße tun.

7. Wer sich in Trostlosigkeit befindet, soll bedenken, wie der Herr ihn der Prüfung halber bei seinen natürlichen Kräften[1] belassen hat, damit er auch so den verschiedenen Anreizungen und Versuchungen des Feindes widerstehe. Dies vermag er nämlich mit dem göttlichen Beistand, der ihm immer verbleibt, wenn er ihn auch nicht offenbar fühlt, da ihm der Herr zwar seinen starken Eifer, die große fühlbare Liebe und die überreiche Gnade entzogen hat, jedoch so, daß ihm die zum ewigen Heil ausreichende Gnade verbleibt.

8. Wer sich in Trostlosigkeit befindet, soll sich mühen, in der Geduld auszuharren, die den über ihn hereinbrechenden Heimsuchungen entgegenwirkt. Und er möge bedenken, daß er bald wieder des Trostes teilhaftig wird, dabei aber auch die Maßregeln gegen derartige Trostlosigkeit anwenden, wie es in der sechsten Regel angegeben wurde.

9. Es sind besonders drei Ursachen, derentwegen wir uns in Trostlosigkeit befinden. Erstens, weil wir lau, träge und nachlässig in unsern geistlichen Übungen sind, und so wegen unserer Fehler der geistliche Trost uns fern bleibt. Zweitens, weil Gott

---

[1] Natürliche Kräfte: nicht ohne Gnade, sondern, wie das Folgende zeigt, ohne besondere fühlbare Gnade.

uns prüfen will, wie viel wir vermögen und wie weit wir in Seinem Dienst und Seinem Lob voranschreiten ohne eine so große Belohnung von Tröstungen und reichen Gnadenerweisen. Drittens, weil Gott uns eine wahre Einsicht und Erkenntnis verleihen will, auf daß wir recht inne werden, es stehe nicht in unserer Macht, große Andacht, überwallende Liebe, Tränen oder irgendeine andere geistliche Tröstung zu erlangen oder zu bewahren, sondern es sei alles nur ein Geschenk und eine Gnade Gottes, unsers Herrn, und damit wir nicht sozusagen unser Nest auf fremden Boden bauen[1], indem wir uns auch nicht im geringsten in geistigem Stolz oder in Selbstgefälligkeit überheben und uns selbst die Andacht oder die andern Wirkungen des geistlichen Trostes zuschreiben.

10. Wer sich im Zustand des Trostes befindet, möge erwägen, wie er sich zur Zeit der Trostlosigkeit, die später über ihn hereinbrechen wird, verhalten werde, und für jene Zeit neue Kräfte sammeln.

11. Wer sich des Trostes erfreut, sei bestrebt, sich zu verdemütigen und sich zu erniedrigen, so viel er vermag, indem er bedenkt, wie wenig er zur Zeit der Trostlosigkeit ohne diese besondere Gnade oder Tröstung vermag. Wer sich dagegen in Trostlosigkeit befindet, soll bedenken, daß er viel vermag mit der Gnade, die hinreichend ist, allen seinen Feinden zu widerstehen, indem er nämlich die Kräfte findet bei seinem Schöpfer und Herrn.

12. Der böse Feind benimmt sich wie ein Weib, insofern er schwach ist, wo er auf kräftigen Wider-

---

[1] Der Sinn des Bildes ist: Wir sollen nicht in den Gaben Gottes ausruhen, als seien sie unser Verdienst oder gebührten uns.

stand stößt, und stark, soweit es auf seinen Willen ankommt. Denn gleichwie es dem Weib, wenn es mit dem Mann streitet, eigen ist, den Mut zu verlieren und die Flucht zu ergreifen, sobald der Mann ihm fest die Stirn zeigt, und wie umgekehrt, wenn der Mann anfängt, den Mut zu verlieren und zu fliehen, der Zorn, die Rachsucht und die Wut des Weibes sich steigern und geradezu maßlos werden, so ist es auch dem bösen Feind eigen, schwach zu werden und den Mut zu verlieren, so daß seine Versuchungen die Flucht ergreifen, wenn der, der den geistlichen Übungen obliegt, diesen Versuchungen fest die Stirn zeigt und das gerade Gegenteil tut von dem, wozu sie anreizen. Wenn dagegen der, welcher sich den geistlichen Übungen widmet, inmitten der Versuchungen anfängt, sich zu fürchten und den Mut zu verlieren, so gibt es auf der ganzen Erde kein so wildes Tier, wie der Feind der menschlichen Natur es ist in der mit überaus großer Bosheit unternommenen Verfolgung seiner verworfenen Absichten.

13. Desgleichen benimmt er sich wie ein falscher Liebhaber, insofern er verborgen bleiben und nicht entdeckt werden will. Denn gleichwie solch ein falscher Mensch, der mit seinem Zureden die Tochter eines braven Vaters oder die Gattin eines braven Ehegatten zu verführen sucht, seine Worte und Einflüsterungen geheimgehalten wünscht und gleichwie es ihm dagegen sehr mißfällt, wenn die Tochter dem Vater oder die Gattin dem Ehegatten seine gleisnerischen Worte und seine schlechte Absicht aufdeckt — weil er leicht ersieht, daß er dann mit dem begonnenen Vorhaben nicht zum Ziel kommen kann —, so will und wünscht auch der Feind der menschlichen Natur, wenn er seine trügerischen Verstellungen und Vorschläge der gerechten

Seele einflüstert, daß sie geheim aufgenommen werden und geheim bleiben. Wenn aber die Seele diese ihrem kundigen Beichtvater oder einer andern in geistlichen Dingen erfahrenen Person aufdeckt, die seine Verführungskünste und boshaften Anschläge durchschaut, so grämt ihn das sehr; denn daraus entnimmt er, daß er mit seinem schon begonnenen Anschlag nicht zum Ziel kommen kann, da seine Betrügereien offen zutage liegen.

14. Er benimmt sich auch wie ein Heerführer, um den Platz, den er nehmen will, zu bezwingen und auszurauben. Denn gleichwie ein Befehlshaber und Feldhauptmann erst sein Lager aufschlägt und die Befestigungen oder den Verteidigungszustand einer Burg ausspäht und sie dann an der schwächsten Seite angreift, so sucht auch der Feind der menschlichen Natur auf Schleichwegen von allen Seiten alle unsre Tugenden auszukundschaften, die theologischen, die Kardinaltugenden und die übrigen sittlichen. Und wo er uns schwächer findet und hilfsbedürftiger hinsichtlich unsers ewigen Heils, da greift er uns an und sucht uns zu überwältigen.

Unterscheidungsregeln der zweiten Woche

Regeln zu demselben Zweck, die aber zu einer genaueren Unterscheidung der Geister dienen und mehr der zweiten Woche entsprechen.

Regel 1. Es ist Gott und seinen Engeln bei ihren Anregungen eigen, wahre Fröhlichkeit und geistliche Freude mitzuteilen und alle Traurigkeit und Verwirrung, die der böse Feind der Seele einflößt, zu verbannen. Diesem dagegen ist es eigen, gegen solche Fröhlichkeit und geistliche Tröstung anzukämpfen, indem er Scheingründe, Spitzfindigkeiten und ständiges Ränkespiel anwendet.

2. Gott, unserm Herrn, allein kommt es zu, der Seele ohne vorausgehende Ursache Trost zu spenden. Denn nur dem Schöpfer ist es eigen, in der Seele ein- und auszugehen und in ihr seine Anregungen zu bewirken, indem Er sie ganz zur Liebe Seiner göttlichen Majestät hinzieht. Ich sage „ohne Ursache“, d. h. ohne irgendwelche vorhergehende Wahrnehmung oder Erkenntnis eines Gegenstandes, wodurch der Seele eine derartige Tröstung mittels der eigenen Verstandes- und Willenskraft zuteil würde.

3. Mittels einer vorhergehenden Ursache vermag ebenso der gute Engel wie der böse die Seele zu trösten, jedoch zu entgegengesetzten Zwecken: der gute Engel zum Fortschritt der Seele, auf daß sie wachse und vom Guten zum Bessern aufsteige, der böse Engel zum Gegenteil und damit er sie schließlich zu seiner verworfenen Absicht und Bosheit hinzerre.

4. Dem bösen Engel, der sich in einen Engel des Lichtes umwandelt, ist es eigen, mit der frommen Seele einzutreten und mit sich selbst wieder auszutreten, das heißt, er pflegt erst gute und heilige Gedanken, die einer solchen gerechten Seele entsprechen, einzuflößen, und dann versucht er langsam, die Seele schließlich in seine versteckten Trügereien und schlechten Absichten hineinzuziehen.

5. Wir müssen sehr acht haben auf den Verlauf unsrer Gedanken; sind der Anfang, die Mitte und das Ende durchaus gut und auf etwas völlig Gutes gerichtet, so ist dies ein Kennzeichen des guten Engels. Wenn es aber im Verlauf der Gedanken, die er einflößt, auf etwas Schlechtes oder Ablenkendes hinausläuft oder auf etwas, das minder gut ist, als was die Seele vorher zu tun beabsichtigt

hatte, oder wenn es die Seele schwächt oder beunruhigt oder verwirrt, indem es ihr den Frieden, die Ruhe und die Stille benimmt, die sie zuvor besaß, so ist das ein klares Zeichen, daß es vom bösen Geist, dem Feind unsers Fortschritts und ewigen Heils, herkommt.

6. Hat man den Feind der menschlichen Natur an seinem Schlangenschweif[1] und an dem schlechten Ziel, zu dem er führt, wahrgenommen und erkannt, so ist es für den, der von ihm versucht wurde, von Nutzen, sofort danach den Verlauf der guten Gedanken, die er eingab, zu überdenken, sowohl deren Anfang, als auch, wie der Feind sich bemühte, ihn von dem Zustand der inneren Wonne und geistlichen Freude, in der er sich befand, ganz allmählich herabsteigen zu lassen, bis er ihn schließlich zu seinem schlechten Vorhaben hinabzog. Im Besitz der so gewonnenen und beherzigten Erfahrung sei er künftig auf der Hut vor dessen gewohnten Trugkünsten.

7. Bei denen, die vom Guten zum Bessern voranschreiten, berührt der gute Engel die Seele sanft, gelind und mild wie ein Wassertropfen, der in einen Schwamm eindringt, der böse Engel hingegen berührt sie scharf, laut und geräuschvoll, wie wenn ein Wassertropfen auf hartes Gestein fällt; die aber, die vom Bösen zum Schlechtern voranschreiten, werden von den vorhin genannten Geistern auf die entgegengesetzte Weise berührt. Der Grund hiervon liegt darin, daß die Verfassung der

[1] Das Bild stellt die Versuchung als den Kopf der höllischen Schlange dar, die Einwilligung als den Leib und die Tat als den Schwanz. Ignatius will also sagen, daß, während man in bezug auf Versuchung und Einwilligung leicht sich täuscht, die vollbrachte Tat den Ursprung klar erweist.

Seele den erwähnten Engeln entweder entgegengesetzt oder gleichartig ist. Ist sie nämlich entgegengesetzt, so dringen die Geister mit Geräusch und Lärm ein, so daß man sie leicht gewahren kann; ist sie aber ähnlich, so tritt der Geist in aller Stille ein wie in sein eigenes Haus bei offener Tür.

8. Erfolgt die Tröstung ohne vorausgehende Ursache, so liegt ihr zwar kein Trug zugrunde, weil sie ja — wie gesagt wurde — nur von Gott, unserm Herrn, herrührt. Gleichwohl muß die dem geistlichen Leben zugewandte Person, der Gott eine solche Tröstung mitteilt, mit großer Wachsamkeit und Aufmerksamkeit zuschauen und die eigentliche Zeit einer solchen Tröstung selbst wohl unterscheiden von der nachfolgenden Zeit, in der die Seele noch erwärmt und beglückt bleibt durch die Gunsterweisung und die Nachwirkungen der vorausgehenden Tröstung; denn oft bildet sie in dieser zweiten Zeit durch eigenes Nachdenken aus den Beziehungen und den Folgen der Begriffe und Urteile unter dem Einfluß des guten oder des bösen Geistes verschiedene Vorsätze und Meinungen, die nicht unmittelbar von Gott, unserm Herrn, eingegeben sind und deshalb sehr genau geprüft werden müssen, ehe man ihnen seine volle Zustimmung erteilt oder sie in die Tat umsetzt.

XI.

NAMENSVERZEICHNIS